FAMILLES ALLIÉES EN LIGNE DIRECTE

A LA

MAISON DU BUISSON
BRANCHE DE COURSON-CRISTOT

ALLIANCE LAMENDEY
ALLIANCE DES PLANCHES

NORMANDIE

TARBES

TH. TELMON, IMPRIMEUR DE LA PRÉFECTURE.

1869

L³m

FAMILLES ALLIÉES EN LIGNE DIRECTE

A LA

MAISON DU BUISSON

BRANCHE DE COURSON-CRISTOT

ALLIANCE LAMENDEY

ALLIANCE DES PLANCHES

NORMANDIE

CROQUIS GÉNÉALOGIQUES

PAR

Amédée du BUISSON de COURSON,

CONSEILLER DE PRÉFECTURE.

TARBES

TH. TELMON, IMPRIMEUR DE LA PRÉFECTURE,

1869.

NOTICE

SUR

LA FAMILLE LAMENDEY

Alliée le 17 février 1624

A LA

MAISON DU BUISSON

BRANCHE DE COURSON-CRISTOT

—oo⟩❂⟨oo—

Généralité de Caen.

« *Nobiles quasi noscibiles.* »

(Varron.)

NOTICE GÉNÉALOGIQUE

SUR

LES LAMENDEY

Sieurs de LÉBIZEY, des PALLIÈRES, du RUFEY, etc.

Election de Caen.

La famille LAMENDEY, alliée le 17 février 1624 à la maison du Buisson de Courson-Cristot, appartenait à la haute bourgeoisie de Caen, comme on l'a vu déjà ailleurs, (page 48 du Mémoire historique sur la maison du Buisson). Quoique ses membres ne fussent pas agrégés au corps nobiliaire, ils jouissaient cependant d'une certaine noblesse de position et presque tous possédaient des fiefs dont ils prenaient le nom, Lébizey, les Pallières, le Rufey et autres.

On peut en résumer l'historique ainsi qu'il suit, d'après divers documents du cartulaire de MM. de Courson.

Ier DEGRÉ CONNU.

MARTIN LAMENDEY, sieur de LÉBIZEY, est le premier dont on trouve trace. Il est mentionné comme père de Richard, qui suit, dans une sentence du bailliage de Caen du 30 juin 1568, et il résulte de cet acte que le fief de Lébizey-sur-Cristot appartenait à la famille Lamendey dès l'an 1462. Aucune pièce ne constate le nombre de ses enfants.

IIe DEGRÉ.

RICHARD LAMENDEY, seul fils connu du précédent, mentionné dans diverses sentences du bailliage et siège présidial de Caen avec la qualification de sieur de LÉBIZEY, prit

alliance avec damoiselle JEANNE LE BAS, et en eut trois fils
(Robert, Jean et Pierre), et deux filles (Suzanne et Marie).
Il mourut vers l'année 1587. Ces faits résultent notamment
d'une sentence du bailliage et siège présidial de Caen du
19 mars 1650, dans laquelle sont mentionnés les lots
faits en vicomté de Caen le 5 octobre 1587 entre Jeanne
Le Bas, veuve de Richard Lamendey, et Robert, Jean et
Pierre Lamendey, ses fils.

IIIe DEGRÉ.

1° ROBERT LAMENDEY, fils aîné du précédent. *Souche.*
(Voir l'article ci-après).

2° JEAN LAMENDEY, qualifié sieur des PALLIÈRES et ailleurs
sieur du RUFEY, eut de fréquents procès avec ses sœurs.
Il figure dans un acte de l'état civil de Cristot du 27 janvier 1631 comme parrain de Philippine du Buisson, fille de
sa nièce Anne et de Claude II du Buisson de Cristot.
Aucune pièce ne constate qu'il ait jamais été marié.

3° PIERRE LAMENDEY.

4° SUZANNE LAMENDEY, qui épousa en premières noces,
le 10 mai 1584, ainsi qu'il conste de son contrat de
mariage à cette date, maître GILLES OU GUILLAUME ANGOT,
sieur de LA DROUINIÈRE, conseiller assesseur en la vicomté
de Caen. — De cette union naquit ROBERT ANGOT, qui
prit alliance en 1621 avec noble damoiselle MARGUERITE
DE TRIHAN, fille de noble homme Jean de Trihan, sieur
de Bourgranville en la vicomté d'Auge, et de Françoise
de Grantz. Dans son traité de mariage en date des 16-22
novembre 1621, Robert Angot est qualifié *commissaire
à faire les monstres* (revues) *de la compagnie de
monsieur le grand prévost général de Normandie* et
fut, ainsi qu'on le verra plus loin, le tuteur d'Anne Lamendey, sa cousine-germaine. — Suzanne Lamendey,
devenue veuve de Guillaume Angot, était, d'après un acte
du 26 avril 1617, remariée à cette date avec honorable
homme GUILLAUME BOSQUET, avocat à Caen.

5° MARIE LAMENDEY, qui épousa le 23 janvier 1594 messire GUILLAUME BOUET.

ROBERT LAMENDEY, sieur de LÉBIZEY, fils aîné de Richard Lamendey, épousa vers 1595 ou 1596 damoiselle PHILIP-PINE FONBERT, et en eut deux enfants, un fils Pierre et une fille Anne ; cette dernière devint l'aïeule des du Buisson de Courson actuels, ainsi qu'on le verra plus loin. Robert étant décédé au commencement de l'année 1612, sa veuve dut faire procéder à la nomination d'un tuteur pour ses deux enfants mineurs et, dans un acte d'assemblée de famille du 28 août 1612, Robert Angot, cousin-germain des mi-neurs, fut chargé de la tutelle. Parmi les parents notables présents à cette assemblée, figuraient : Noble homme Pierre Le Marchand, sieur de St-Manvieu, conseiller du roi et trésorier général de France à Caen ; noble homme Jacques Blondel, sieur de Bavent, lieutenant de monsieur le bailly de Caen ; Pierre Blouët, sieur de Than, contrô-leur des tailles ; Jean Lamendey, sieur du Rufey, frère du défunt, etc. — Philippine Fonbert se remaria plus tard avec messire EUSTACHE ONFROY, contrôleur au magasin à sel de Caen, dont il ne paraît pas qu'elle ait eu de posté-rité.

IVe DEGRÉ.

PIERRE LAMENDEY, fils aîné de Robert Lamendey, mi-neur à la mort de son père. On n'en trouve plus de traces dans les actes postérieurs à 1612, et il est probable qu'il mourut dans sa jeunesse.

ANNE LAMENDEY, qui suit :

Damoiselle ANNE LAMENDEY, dame de LÉBIZEY, mineure comme son frère à la mort de son père, fut élevée sous la tutelle de sa mère Philippine Fonbert et de son cousin-germain Robert Angot. Dans les premiers jours du mois de mai 1616, elle fut enlevée par messire ANNE ONFROY, écuyer, sieur de BURON et du CARDONNAY, fils de feu Etienne

Onfroy, écuyer, docteur en l'Université de Caen, et de Madeleine de Gron, et neveu d'Eustache Onfroy ; leur mariage fut célébré le 12 du même mois de mai 1616 dans l'église de Ranville, près de Caen, ainsi qu'il est avéré par un certificat du vicaire de cette paroisse, certificat dont la teneur est reproduite plus loin. Néanmoins l'enlèvement d'Anne Lamendey avait amené des poursuites judiciaires de son tuteur et de ses autres parents contre messire Anne Onfroy ; mais, sur leur désistement, donné à la suite de la preuve acquise du mariage régulièrement contracté et en considération de l'avantage de cette union, la cour du Parlement de Rouen rendit le 2 août 1616 un arrêt de non-lieu.

Du mariage d'Anne Onfroy et d'Anne Lamendey naquirent deux fils, JEAN et ROBERT ONFROY, désignés nominativement dans un acte du 27 octobre 1640. — Puis, après la mort d'Anne Onfroy vers 1622 ou 1623, Anne Lamendey, sa veuve, fort jeune encore, contracta le 17 février 1624 une nouvelle alliance avec messire CLAUDE, second du nom, DU BUISSON, écuyer, alors sieur de LA FONTENELLE-SUR-GAVRUS, plus tard seigneur et patron de CRISTOT et de BROUAY. De cette nouvelle union naquirent sept autres enfants mentionnés dans le Mémoire historique sur la maison du Buisson, pages 48, 49 et suivantes ; de l'aîné des fils, Pierre II du Buisson de Cristot, descendent les du Buisson de Courson-Cristot qui existent aujourd'hui.

Anne Lamendey décéda au manoir seigneurial de Cristot le 24 avril 1639, jour de Pâques, ainsi qu'il conste de son acte de sépulture relaté textuellement à la page 132 du Mémoire, et transmit le fief de Lébizey-sur-Cristot à la maison du Buisson de Courson-Cristot.

D'après une ancienne tradition de famille, cette dame était d'une beauté fort remarquable.

NOTA. — Dans un acte notarié du 7 février 1664, relatant un autre acte notarié du 9 février 1658, est mentionné un certain GABRIEL LAMENDEY, probablement cousin de la dame de Cristot. Toutefois il paraît très-probable que cette famille est depuis longtemps éteinte.

PIÈCES JUSTIFICATIVES.

1° **30 juin 1568**. — Sentence du bailliage de Caen. — (Voir Catalogue analytique du Cartulaire de la maison du Buisson de Courson-Cristot, n° 7.)

2° **10 mai 1581**. — Original du traité du mariage passé le 10 mai 1581 entre Guillaume Angot, conseiller assesseur en la vicomté de Caen, d'une part, et Suzanne Lamendey, fille de Richard Lamendey, sieur de Lébizey, d'autre part, Robert et Jean Lamendey, frères de Suzanne, contribuent à la dot de leur sœur. (*Papier.*)

3° **7 janvier 1591**. — Acte notarié, reconnu en vicomté de Caen, portant constitution de rente annuelle de dix écus sols par Jehan Lamendey, fils de Richard Lamendey, et par Jehan Petit, au profit d'honorable femme Catherine Le Baillif, veuve de Guillaume Hépuégne, écuyer, sieur de la Vallée, moyennant le paiement comptant de cent écus sols. (*Parchemin.*)

4° **28 août 1612**. — Acte d'assemblée devant le vicomte de Caen, à la diligence de Philippine Fonbert, des parents paternels et maternels de Pierre et de Anne Lamendey, enfants mineurs de feu honorable homme Robert Lamendey, sieur de Lébizey, et de la dite Philippine Fonbert, à l'effet de leur élire un tuteur. Robert Angot, bourgeois de Caen, est chargé de la tutelle. (*Parchemin.*)

5° **14 février 1613**. — Acte notarié par lequel Marie Lamendey, veuve de messire Guillaume Bouët, constitue un procureur fondé dans un procès pendant entre elle et Jean Lamendey, son frère. (*Papier.*)

6° **12 avril 1614**. — Arrêt des conseillers tenant les registres au Parlement de Paris, ordonnant la transmission au vicomte et juge de Caen, sur la requête de Marie Lamendey, veuve de Guillaume Bouët, de la minute du traité de mariage de cette dernière, du 23 janvier 1594, à l'effet de contraindre le sieur Jean Lamendey, son frère, à reconnaître sa signature qu'il dénie, et à payer à la dite veuve la somme de 25 livres de rente de dot, selon son engagement consigné au dit contrat de mariage. (*Parchemin.*)

7° **6 octobre 1614**. — Sentence de la vicomté de Caen, statuant par défaut contre Jean Lamendey, et déclarant que le traité de mariage du 23 janvier 1594 entre Marie Lamendey, sœur de Jean, et feu Guillaume Bouët, sera exécutoire en sa forme et teneur contre le sieur Jean Lamendey, pour les engagements qu'il comporte. (*Papier.*)

8° **4 juillet 1615.** — Nouvel acte de constitution de tutelle d'Anne Lamendey, en assemblée de famille tenue devant le vicomte de Caen. Eustache Onfroy, second mari de Philippine Fonbert, est déclaré tuteur actionnaire de la dite Anne Lamendey.

Présents à cette assemblée de famille : Nobles hommes Jacques Blondel, sieur de Rugy et de Bavent ; Pierre Blouët, sieur de Than, contrôleur des tailles en l'élection de Caen, et Pierre Lallongny, sieur de Bougy ; Marin Dupont, sieur de Couvrechef ; Robert Angot et Jacques Le Chanoine, tous parents paternels ; Jean Le Mesle, avocat, Charles Giard, Guillaume de Basly, Raoul et Olivier Le Saunaye, parents maternels. (*Papier.*)

9° **12 mai 1616.** — Copie sur papier de l'acte de mariage, à cette date, d'Anne Lamendey et d'Anne Onfroy, dont la teneur suit :

« Moi soubsigné Louis Auvrey, prestre vicaire de Ranville, certiffie à tous « qu'il appartiendra que, le douziesme jour de may mil six cent seize, j'ai « cellébré en fasce de nostre mère Saincte-Eglize le sacrement de mariage, « après les affidailles par moi faictes, et depuis dit et cellébré le Sainct Sacre- « ment de mariage entre NOBLE HOMME ANNE ONFROY, SIEUR DE BURON ET DU « CARDONNAY, filz et héritier du feu sieur du Cardonnay (Etienne), docteur « et professeur du roy en médecine en l'Université de Caen, et HONORABLE « FILLE ANNE LAMENDEY, fille et héritière de deffunct honorable homme « Robert Lamendey, bourgeois de Caen.

« Fait en présence de Michel Cardine, custost de la dite Eglise de Ranville, « Gilles Le Mercier, Pierre Le Brun, Robert Roulland, qui ont signé. »

Signé : *Auvrey; Cardine; Le Mercier; Roulland; Le Brun.*

10° **14-16 mai 1616.** — Requête d'Anne Onfroy et d'Anne Lamendey, sa femme, présentée par Madeleine de Gron, leur mère et belle-mère, et tendant à obtenir du bailly de Caen une ordonnance de non-lieu auprès des conseillers du roi, au sujet du procès de rapt intenté contre le dit Onfroy ; à l'appui de cette requête, il est allégué que le mariage a été régulièrement contracté avec Anne Lamendey. (*Papier.*)

11° **18 mai 1616.** — Procès-verbal dressé à la requête de Robert Angot, tuteur d'Anne Lamendey, par Jean Planchon, sergent royal à Caen. Ce procès-verbal constate qu'Anne Onfroy, sieur de Buron, et son laquais, décrétés de prise de corps, étaient absents de leur domicile en la paroisse St-Pierre de Caen, et qu'assignation à comparaître devant le bailly de Caen ou le lieutenant criminel de cette ville a été laissée pour eux à Madeleine de Gron, mère du dit Anne Onfroy. (*Papier*).

12° **15 juillet 1616.** — Attestation des parents d'Anne Lamendey, par laquelle ils se déclarent satisfaits du mariage contracté par elle avec Anne Onfroy, écuyer, sieur de Buron. (*Papier.*)

13° 16 juillet. 1616. — Déclaration d'Olivier Le Saunaye, sieur du Grandmont, par laquelle il cesse d'adhérer aux poursuites judiciaires faites contre Anne Onfroy au sujet du rapt d'Anne Lamendey, sa cousine, attendu que le mariage a été célébré à Ranville et qu'il connaît la qualité noble et prud'homie du sieur Onfroy. *(Papier.)*

14° 2 août 1616. — Arrêt du Parlement de Rouen, rendu entre Anne Onfroy et Robert Angot, ordonnant la représentation par le dit Angot de l'acte de tutelle d'Anne Lamendey et faisant main-levée au sieur Onfroy de ses biens saisis, qui avaient été confiés à la garde du sieur Levert, huissier, en lui imposant toutefois l'obligation de donner caution suffisante de se représenter en personne devant le Parlement chaque fois qu'il en sera requis. *(Papier.)*

15° 8 août 1616. — Acte d'assignation à comparaître devant les conseillers au Parlement de Rouen, donné par Cristophe Mauger, sergent royal, à Claude Le Hébichon, mère du sieur Eustache Onfroy, et à Philippine Fonbert, femme du dit Onfroy, à la requête de Robert Angot, tuteur d'Anne Lamendey, et de nobles hommes Gaspard Le Marchand, sieur d'Outrelaize, Roger, sieur de Gruchy, Jacques Blondel, sieur et châtelain de Tilly, Jacques Blondel, lieutenant de M. le bailly de Caen, Le Bas, sieur de La Lande, Lallongny, sieur de Bougy, et autres proches parents d'Anne Lamendey. *(Papier.)*

16° 26 avril 1617. — Acte notarié, reconnu en vicomté de Caen, portant abandon et cession de 40 livres de rente avec les arrérages, par honorable homme Guillaume Bosquet, avocat et bourgeois de Caen, ayant épousé (en 2mes noces) honorable femme Suzanne Lamendey, veuve de Guillaume Angot, conseiller du roi en la vicomté de Caen, au profit de Robert Angot, fils de ce dernier et de la dite Suzanne Lamendey. *(Parchemin.)*

17° 16-22 novembre 1621. — Contrat de mariage sous signature privée, passé à Cheux le 16 novembre 1621, reconnu en vicomté de Caen le 22 novembre suivant, entre monsieur Robert Angot, sieur de La Drouinière, commissaire à faire les montres (revues) de la compagnie de monsieur le grand prévôt général, ses lieutenants et vice-baillys de Normandie, fils de Gilles Angot, conseiller du roi, et de Suzanne Lamendey, d'une part, et damoiselle Marguerite de Trihan, fille de feu noble homme Jean de Trihan, seigneur de Bourgranville en la vicomté d'Auge, et de damoiselle Françoise de Grantz.

Assistants et signataires notables : Noble homme Charles de Cheux, sieur de St-Martin ; damoiselle Marguerite de Grantz, son épouse ; Jacques de Cingal, écuyer, sieur d'Hermanville. *(Parchemin.)*

18° 26 octobre 1624. — Ordonnance royale autorisant

une interruption de trois ans, à la requête de Robert Angot, dans un procès entre lui, d'une part, et Anne Onfroy décédé, et Eustache Onfroy, contrôleur au magasin à sel de Caen, d'autre part, au sujet de 40 livres de rente de don de mariage. (*Parchemin.*)

19° 30 octobre 1624. — Signification de cette ordonnance à Claude du Buisson, écuyer, sieur de Cristot, second mari d'Anne Lamendey. (*Papier.*)

20° 14 novembre 1625 — Acte notarié de transaction. — (Voir Catalogue analytique du Cartulaire de la maison du Buisson de Courson-Cristot, n° 32.)

21° 30 novembre 1629. — Etat et déclaration de trois Offices de contrôleur au grenier et magasin à sel de Caen. — (Voir Catalogue analytique, n° 36.)

22° 16 février 1633. — Acte notarié d'échange. — (Voir Catalogue analytique, n° 38.)

23° 21 octobre 1641. — Sentence confirmative du bailliage de Caen, rendue sur l'appel d'une sentence de la vicomté de cette ville, du 9 mars précédent, interjeté par le sieur Michel contre Mr Robert Angot, commissaire des prévôts et baillys de Normandie, au sujet de maisons ayant appartenu à la feue dame Anne Lamendey. (*Parchemin.*) — (Voir la teneur de l'acte de décès d'Anne Lamendey à la page 132 du Mémoire historique sur la maison du Buisson.)

24° 19 mars 1650. — Sentence du bailliage et siège présidial de Caen. — (Voir Catalogue analytique, n° 43.)

25° 6 février 1658 : 7 février 1664. — Acte notarié de constitution de rente. — (Voir Catalogue analytique, n° 50.)

FIN.

TARBES. — IMPRIMERIE DE TH. TELHON.

MÉMOIRE HISTORIQUE

SUR

LA FAMILLE DES PLANCHES

Alliée le 30 septembre 1738

A LA

MAISON DU BUISSON

BRANCHE DE COURSON-CRISTOT

Généralité de Caen.

TARBES

TH. TELMON, IMPRIMEUR DE LA PRÉFECTURE.

1869.

« *Nobiles ita dicuntur veluti noti*. »

(Deutéronome.)

« *Nobiles aut notabiles*. »

(Porphire.)

MÉMOIRE HISTORIQUE

SUR

LES DES PLANCHES

SIEURS

Des LONDES, d'HÉROUVILLE, de CLOVILLE, etc.

Election de Caen.

ARMES, d'après les Lettres patentes d'Anoblissement octroyées par Louis XIV, au mois d'août 1699, à Gabriel des Planches, sieur des Londes, conseiller à l'élection de Caen : *d'azur, à trois planches d'argent, posées en bande, 2 et 1.*

TIMBRE : *Casque à cinq grilles, orné de lambrequins azur et argent.*

La famille DES PLANCHES, que les titres les plus anciens orthographient des Planques et les titres plus récents indistinctement des Planches ou Desplanches, tirait son origine de la haute bourgeoisie de Caen; car cette qualification de *bourgeois de Caen* se retrouve dans les actes dès la seconde partie du XVI⁰ siècle.

Cette famille, éteinte le 23 juillet 1810 par la mort du dernier de ses représentants mâles, avait successivement contracté des alliances fort honorables, quoique prises dans la bourgeoisie, jusqu'à l'union qui eut lieu le 30 septembre 1738 avec la maison du Buisson de Courson-Cristot. Elle compte parmi ses personnages notables des échevins de Caen, des conseillers soit en l'élection, soit au bailliage et siège présidial de cette ville, des contrôleurs au grenier à sel de Caen, des officiers de divers grades, et enfin un chevalier de l'Ordre royal et militaire de Saint-Louis. On a vu ci-dessus qu'elle fut anoblie par Louis XIV, en 1699.

Le hameau des Planques ou des Planches, qui a donné son nom à la famille ou qui plus vraisemblablement l'a reçu d'elle, et la terre de ce nom, bordés par la rivière de Seulle et confinant aux carrières d'Orival, dépendaient peut-être originairement de la paroisse de Colombiers-sur-Seulle, vicomté de Bayeux, ainsi que semble l'indiquer un acte de 1556 ; mais dès le XVII⁰ siècle, ils faisaient partie de la paroisse d'Amblie, en l'élection de Caen ; aujourd'hui, ce hameau, moins populeux qu'autrefois, dépend encore de cette commune, située canton de Creully, arrondissement de Caen, département du Calvados.

FILIATION.

Le premier membre de la famille connu avec certitude est NOEL DES PLANQUES OU DES PLANCHES, mentionné comme père de Jéhan dans un acte émané du bailliage de Caen le 29 août 1556, acte faisant droit à une requête de ce dernier. Il vivait par conséquent vers 1530 ou 1540.

Puis vient JÉHAN DES PLANQUES, qui possédait des terres à Colombiers-sur-Seulle en 1556, ainsi qu'il conste de l'acte précité, et qui vivait encore en 1600, comme le prouve un acte de transaction passé le 17 décembre de cette dernière année,

Le même acte constate que Jéhan avait eu, outre une fille Charlotte, mariée à H. H. Jacques Renard, deux fils, HENRY et JACQUES DES PLANQUES, et que le dernier était mort déjà en 1600, ayant laissé des enfants mineurs. Ces enfants étaient Roch, Samuel et Martin des Planques.

ROCH DES PLANQUES OU DES PLANCHES, bourgeois de Caen, demeurait en cette ville en la paroisse St-Pierre et avait épousé, vers 1610 ou 1615, *honorable fille* JULIENNE VAUDRY, dont il eut plusieurs enfants, notamment Jean II des Planches qui suit, et *honorable fille* Barbe des Planques ou des Planches, mariée le 13 février 1633 avec *honorable homme* Nicolas Harel, aussi bourgeois de Caen, demeurant en la paroisse St-Julien. C'est ce qui résulte de plusieurs actes et notamment du traité de mariage de la dite Barbe des Planches. Roch des Planches mourut à Caen en 1649.

JEAN II DES PLANCHES, bourgeois de Caen, y demeurant paroisse St-Pierre, qualifié *sieur de La Fontaine* dans de nombreux actes à partir de 1658, fils de Roch des Planches, ainsi qu'il conste d'une sentence du bailliage et siège présidial de Caen du 20 mai 1695, naquit probablement vers l'an 1625. Le 2 août 1649, il renonça à la succession de son père, conserva néanmoins des domaines à Amblie et ne cessa de s'intéresser aux habitants de cette paroisse, ainsi que le prouve un acte notarié du 11 juillet 1658 ; il y augmenta successivement ses propriétés foncières, notamment le 31 décembre 1663, époque à laquelle il acquit de damoiselle Lucrèce Le Gardeur, sœur, de noble homme Jacques Le Gardeur, seigneur de Croisilles, Amblie, Bény, etc., tous les immeubles compris dans le lot de la dite damoiselle. Il figure aussi dans de nombreux actes d'échange ou de constitution de rentes foncières.

On ignore avec qui le sieur de La Fontaine prit alliance ; mais ce qui est certain, c'est que son union ne donna naissance qu'à un fils, Gabriel, qui fut plus tard anobli par le roi Louis XIV.

En mars 1686, Jean fut nommé quatrième échevin de
la ville de Caen, c'est-à-dire premier échevin pris dans la
bourgeoisie (*), et il exerça cette charge jusqu'en 1689 ;
il est mentionné dans plusieurs délibérations municipales
avec la qualification de sieur de La Fontaine, bourgeois de
Caen.

On le trouve encore cité dans la sentence du bailliage et
siège présidial de Caen du 20 mai 1695 précédemment
visée, quoiqu'il fût évidemment assez âgé à cette date. Il
dut mourir peu de temps après, *ayant toujours vécu noblement*, ainsi qu'il résulte des Lettres d'anoblissement
octroyées à son fils.

VIᵉ DEGRÉ CONNU : Iᵉʳ DEGRÉ NOBLE.

Un fils unique.

Monsieur maître GABRIEL DES PLANCHES, sieur des LONDES,
et plus tard ÉCUYER, né probablement de 1645 à 1650,
figure pour la première fois dans les actes le 11 juin 1677
avec la qualité de contrôleur au grenier à sel de Caen ;
mais il résulte de la teneur des Lettres d'anoblissement
d'août 1699 qu'il avait été dans sa première jeunesse
d'abord sous-lieutenant, ensuite capitaine de l'une des
compagnies de milice bourgeoise de la ville de Caen. Dès
l'année 1680, il était conseiller du roi en l'élection de
Caen, ainsi qu'il conste d'un acte notarié important, en
date du 22 février de la même année, par lequel il obtint
en fief à fin d'héritage de la part de Mᵉ François Blancpied,
conseiller du roi, gruyer, garde-marteau en la maîtrise
des Eaux-et-Forêts en Champagne, diverses pièces de terre
situées au hameau des Planches, paroisse d'Amblie. Jusqu'en 1699, on le voit en outre figurer dans de nombreux

---

(*) L'administration municipale de la ville de Caen était composée avant
1789 du maire et bailly, de son lieutenant général et de six gouverneurs-
échevins, dont les trois premiers étaient pris parmi les membres de la Noblesse locale et les trois derniers parmi les membres notables de la bourgeoisie. Les échevins étaient nommés à l'élection, le jour des Cendres, de trois
ans en trois ans.

actes d'acquisition ou d'échange de terres situées à Amblie, notamment avec Guillaume de Marguerie (ou Marguerye), écuyer, seigneur et patron d'Amblie et de Pierrepont, avec Marc-Antoine Le Prévost, sieur de Coupesarte, chevalier, également seigneur et patron d'Amblie *en partie*, et avec Gilles de Marguerie, écuyer, prêtre, et curé d'Amblie ; il est généralement désigné avec la qualification de conseiller du roi en l'élection de Caen, grainetier contrôleur au grenier à sel de la dite ville.

Au mois d'août 1699, Louis XIV ayant anobli par Lettres patentes un certain nombre de personnes notables du royaume *choisies parmi ceux qui s'étaient le plus distingués par leur mérite, vertus et bonnes qualités*, messire Gabriel des Planches, sieur des Londes, fut au nombre des privilégiés, à la suite de l'exercice de ses fonctions *pendant vingt-huit années, avec beaucoup d'honneur*, etc., *ayant toujours vécu noblement, ainsi que Jean, son père*, etc., etc. — Il fut décoré du titre et de la qualité de NOBLE et d'ÉCUYER, tant pour lui que pour ses enfants nés et à naître en légitime mariage, avec droit de porter des armoiries timbrées qui, blasonnées par d'Hozier, devinrent des armes parlantes : *d'azur, à trois planches d'argent, posées en bande*. (Voir aux pièces justificatives ci-après la teneur des Lettres patentes.)

Le sieur des Planches avait épousé vers 1680 environ, ainsi qu'il est établi par le contrat de mariage de son fils Olivier (31 août 1706), damoiselle CATHERINE HOUSSET, fille de maître Olivier Housset, greffier général de la prévôté de Normandie. De cette union il eut quatre fils (Jean, Olivier, Urbain, Gabriel) et une fille (Catherine). Le domaine de Sannerville, près de Troarn, qui resta dans la famille jusqu'à son extinction, provenait probablement de cette alliance. Il survécut six ans à son anoblissement et mourut au commencement de l'année 1705, comme le prouve le partage de sa succession entre ses fils le 10 août de cette même année.

VII° DEGRE : II° DEGRÉ NOBLE.

Quatre fils et une fille.

I. JEAN III DES PLANCHES, écuyer, aîné de la famille, né vers 1681, figure au partage de la succession de son père le 10 août 1705 et y choisit pour sa part le domaine de Sannerville. Il appert du contrat de mariage de son frère Olivier qu'en 1706 il était conseiller du roi, lieutenant criminel au grenier à sel de Caen ; de plus on l'y qualifiait écuyer.

Vers 1712 ou 1715, il épousa noble damoiselle MADELEINE-THÉRÈSE LE TRÉMANÇOIS, fille de N... Le Trémançois (*), écuyer, conseiller du roi au bailliage et siège présidial de Caen, dont il eut trois fils et quatre filles. Trois de ces filles moururent fort jeunes ; la quatrième décéda sans postérité. Les trois fils, dont il sera parlé ci-après, sont : Pierre-Jean-Robert, Jean-Charles et Gabriel-Urbain.

Jean des Planches était mort en 1744, puisque ses trois fils prirent part en son nom à la succession de leur oncle Gabriel, qui décéda sans postérité à cette date.

II. Messire OLIVIER DES PLANCHES, écuyer, sieur d'HÉROUVILLE, né vers l'an 1682 ou 83, fut pourvu, par Lettres-patentes en date du 8 juillet 1706, de la charge de conseiller en l'élection de Caen exercée précédemment par son père.

Peu de temps après, le 31 août 1706, il contracta alliance, en la paroisse de Cingal, avec damoiselle CATHERINE-LOUISE HAREL, fille de Henri Harel, sieur du Val, et

---

(*) On lit dans un manuscrit de la bibliothèque de Caen, donné par les Traitants à M. de Chamillart pendant sa Recherche en 1666, manuscrit intitulé : *Anecdotes de Caen ou Mémoire sur une partie des familles de cette ville* : « LE TRÉMANÇOIS : vient de Richard Le Trémançois, anobli par les Francs-« fiefs en 1473, à cause du fief hérédital de la sergenterie de Varaville, dont il « jouissait ; demeurant au Buisson, de la même sergenterie. » Armes, d'après l'armorial de Chevillard : *de sable, au chevron d'argent accompagné de trois molettes d'éperon de même, 2 et 1.*

Catherine Mériel. Présents au contrat de mariage : La
dame des Planches mère (Catherine Housset) ; Jean des
Planches, écuyer, conseiller du roi, lieutenant criminel au
grenier à sel de Caen ; Urbain des Planches, écuyer, sieur
de Cloville ; Gabriel des Planches, écuyer, damoiselle
Catherine des Planches, tous les quatre frères et sœurs du
futur époux ; Urbain Dauchin, écuyer, conseiller secrétaire du roi, maison et couronne de France, lieutenant
général en la vicomté de Caen ; Urbain Dauchin, écuyer,
conseiller du roi, receveur général des deniers ; Jean
Fhiment, sieur des Favriles, et maître Etienne Le Quéru,
avocat ; maître Thomas Harel, avocat ; Charles-Joseph et
François Harel, tous frères de la dite damoiselle future ;
François d'Amayé, conseiller du roi, premier président en
l'élection de Caen ; Charles Féron, greffier au bailliage et
siège présidial de Caen, etc.

De cette union naquit une fille unique, Catherine-Louise-
Henriette des Planches d'Hérouville, qui épousa le 30 septembre 1738, en l'église St-Martin de Caen, messire
Guillaume-Nicolas du Buisson de Cristot-Courson ; messire Olivier est mentionné dans l'acte de mariage comme
présent à la cérémonie.

Comme son père Gabriel des Planches, sieur des Londes, le sieur d'Hérouville figure dans un certain nombre
de contrats d'acquisition et d'échange d'immeubles situés
à Amblie, de constitution de rentes foncières, etc. Il résulte d'une déclaration du 10 juillet 1723 qu'il possédait,
à Cerisy l'abbaye, du chef de sa mère, des terres relevant
de la baronnie de Boisdelle appartenant à l'évêque de
Bayeux, et qui furent aliénées plus tard par son gendre.
En outre, il avait une propriété assez importante située
paroisse St-Martin de Caen, à Bagatelle, et sur l'emplacement actuel du cimetière des Quatre-Nations, propriété
qui, en 1749, passa également entre les mains de son gendre. Aussi, par acte du 9 août 1738, obtenait-il, moyennant une rente annuelle, fief d'un banc spécial dans
l'église St-Martin de Caen.

Le 27 novembre 1741, il prit part à la succession de
son frère puîné Gabriel, mort sans enfants, et choisit le
second lot composé de divers immeubles situés à Pierrepont et à Amblie.

Quelques années plus tard, le 19 septembre 1746, il
donna sa démission de conseiller titulaire en l'élection de
Caen en faveur du sieur Gabriel Louyer de Bertheris qui
fut promu à sa place en cette charge, et obtint par Lettres
patentes de Louis XV, datées de Fontainebleau le 18 octobre de la même année, en récompense de 40 ans de services, le privilège de rester conseiller honoraire, avec
droit de siéger en la dite élection, le roi ayant voulu *reconnaître par quelques marques d'honneur le zèle, la
capacité, le travail et les talents qui avaient distingué
le sieur des Planches d'Hérouville, et le récompenser
de ses longs services par des témoignages de satisfaction*, etc. (Voir ci-après la teneur des Lettres-patentes.)

Il décéda en 1749, ainsi qu'il appert d'une sentence
d'envoi en possession de son héritage, en date du 6 octobre même année, ayant laissé une succession quelque peu
obérée par suite de ses prodigalités.

III. URBAIN DES PLANCHES, écuyer, sieur de CLOVILLE,
né vers l'an 1684, demeurant habituellement à Caen, soit
paroisse St-Julien, soit paroisse St-Jean, mentionné pour
la première fois dans l'acte de partage de la succession de
son père le 10 août 1705, nommé d'abord, probablement
vers 1707 ou 1708, avocat du roi au bailliage et siège
présidial de Caen, était en 1720, ainsi qu'il conste d'un
acte notarié du 30 septembre de la même année, conseiller au dit bailliage et siège présidial.

Un autre acte notarié du 3 juin 1722 constate qu'il avait
pour femme à cette époque dame SALOMÉ COUTURE, veuve
de messire Jacques de La Rivière, seigneur de Crévecœur.
Cette dame étant décédée quelques années après sans lui
laisser de postérité, il épousa en secondes noces damoiselle

ANGÉLIQUE BRION, (*) d'une honorable famille de la haute bourgeoisie de Caen, dont la mère habitait à Caen, rue des Carmes, un bel hôtel vendu plus tard par sa fille à la famille de La Pommeraye et possédé aujourd'hui (1869) par la famille Labbey de Druval. — Cette seconde union fut aussi inféconde que la première.

Le sieur de Cloville prépara l'acte de partage de la succession de son frère Gabriel, dernier fils du sieur des Londes, son père, acte qui fut accepté par ses neveux et son frère Olivier le 27 novembre 1741. Comme ses frères, il figure dans de nombreux actes d'acquisition, de baux à ferme, etc., jusqu'en 1756 ; il résulte de deux de ces baux, en date des 26 novembre 1747 et 8 octobre 1754, qu'après avoir exercé successivement les fonctions d'avocat du roi, puis de conseiller du roi titulaire au bailliage et siège présidial de Caen, il était devenu conseiller honoraire au même siège vers 1746 ou 47 et qu'il avait été nommé par le roi subdélégué de l'Intendance et de la Généralité de Caen.

Il décéda sans enfants de 1756 à 1760 environ et laissa la majeure partie de son héritage à sa nièce Catherine-Louise-Henriette, et par elle aux du Buisson de Cristot-Courson. D'après la tradition de famille, il était excellent administrateur de ses biens et a laissé un registre manuscrit sur la terre des Planches, qui contient des renseignements utiles et même intéressants.

IV. GABRIEL DES PLANCHES, écuyer, fils puîné du sieur des Londes, était né vers 1685, puisqu'il était sur le point d'atteindre sa majorité à la mort de son père en 1705, ainsi qu'il est établi par l'acte de partage de la succession de ce

---

(*) Angélique Brion possédait à Pierrepont-sur-Amblie une gentilhommière où elle passait la plus grande partie de l'année, et qui revint par héritage à la famille du Buisson de Courson. Le 18 septembre 1783, elle tint sur les fonts de baptême Ange-Casimir du Buisson de Courson et décéda quelques années plus tard, après une vie consacrée au soulagement des malheureux ; aussi était-elle surnommée, à Pierrepont et à Amblie, *la mère des pauvres*. Elle fut inhumée dans le cimetière d'Amblie, près du nouveau bas-côté.

dernier, acte préparé par le dit Gabriel avec le concours de Mre Dauchin, conseiller secrétaire du roi, son parent.

D'après un acte notarié du 5 janvier 1712, il demeurait en la paroisse de St-Pierre de Caen ; par acte notarié du 29 septembre 1712, il acquit de messire Jacques de Pierrepont, écuyer, sieur de Longchamp, petit-fils de Charles de Pierrepont, une maison avec jardin située au dit lieu de Pierrepont, où il fixa probablement depuis sa résidence habituelle.

Aucune pièce ne constate qu'il ait été, comme ses frères, investi de fonctions publiques ; il décéda sans enfants en 1741, ainsi qu'il appert de l'acte de partage de sa succession, du 27 novembre même année.

V. Noble damoiselle CATHERINE DES PLANCHES, cinquième enfant du sieur des Londes, épousa messire N... DE BLOUÉ : de ce mariage naquit une fille unique, CATHERINE DE BLOUÉ, morte sans postérité en 1788.

VIIIme DEGRÉ : IIIme DEGRÉ NOBLE.

De Jean III des PLANCHES trois fils.

I. PIERRE-JEAN-ROBERT DES PLANCHES, écuyer, fils aîné de Jean des Planches et de Madeleine-Thérèse Le Trémançois, né de 1715 à 1718, était en 1741, d'après l'acte de partage de la succession de son oncle Gabriel, lieutenant au régiment de Piémont, qui se trouvait alors à Strasbourg.

Il n'existe sur son compte aucun autre document ; il est probable qu'il suivit jusqu'au bout la carrière militaire et qu'il mourut sans postérité, laissant sa fortune à ses frères.

II. Noble et discrète personne JEAN-CHARLES DES PLANCHES, second fils de Jean des Planches, entra dans les Ordres religieux, est qualifié diacre dans l'acte de partage de la succession de son oncle en 1741, et devint un peu plus tard curé de la paroisse St-Etienne de Caen, sur les registres d'état civil de laquelle il figure pour la première fois en cette qualité dans un acte de mariage du 7 janvier 1755.

Il mourut plus tard dans cette paroisse à une époque que nous ne pouvons préciser, en transmettant ses biens personnels à son frère puîné Gabriel-Urbain.

Dans son héritage se trouvait une pièce de terre, dite *Pièce de la Croix*, située à Pierrepont-sur-Amblie, le long de la route de Creully à Caen, et au sujet de laquelle l'abbé des Planches manifesta, en mourant, le désir qu'elle ne fût jamais aliénée au profit d'un protestant ou d'un huguenot. (*)

III. GABRIEL-URBAIN DES PLANCHES, écuyer, fils puîné de Jean des Planches et de Madeleine-Thérèse Le Trémançois, né à Caen, paroisse St-Gilles, en 1720, ainsi qu'il conste de son acte de sépulture, suivit la carrière militaire, fut nommé successivement lieutenant, puis capitaine d'infanterie et eut l'honneur de recevoir, en récompense de ses services, la croix de chevalier de l'Ordre royal et militaire de St-Louis.

Le 27 mai 1767, il contracta mariage avec damoiselle MARIE-ARMANDE LE MÉTAER, fille de Jacques-Antoine Le Métaër, et sœur de noble dame N... d'Argouges. C'est ce qui résulte d'une lettre écrite en 1810 par messire Gabriel des Rotours, lettre dans laquelle est copié un fragment du contrat de mariage. — Cette union resta inféconde.

Messire Gabriel-Urbain des Planches, qualifié aussi parfois sieur des Londes, probablement en souvenir de son aïeul, recueillit successivement l'héritage de ses deux frères aînés, héritage comprenant la terre importante de Sannerville et une partie de la terre des Planches; il conserva toujours les relations les plus affectueuses avec la descendance de sa cousine-germaine Catherine-Louise-

(*) La dite pièce de terre, comprise dans le partage de la succession de Gabriel-Urbain des Planches, fait le 19 juillet 1811 entre la famille du Buisson de Courson et la famille des Rotours de Chaulieu, appartient aujourd'hui (1869) à M. Louis-Eugène du Buisson de Courson, propriétaire, demeurant au château des Planches-sur-Amblie.

Henriette des Planches, dont nous allons parler ci-après ; en 1776, nous trouvons de lui une lettre contenant des conseils et adressée au mari de cette dernière ; il assista en 1781, ainsi que sa femme, au mariage de son neveu Dominique-Nicolas du Buisson de Courson-Cristot et figure dans l'acte avec la qualité de chevalier de St-Louis, etc.

N'ayant pas eu d'enfants, ainsi que nous l'avons déjà dit, il légua, par un testament authentique dressé à Sannerville le 14 avril 1808 par Jean-Pierre-François Lépiney, notaire impérial à la résidence de Troarn, tous ses biens aux héritiers de sa ligne paternelle, par suite aux du Buisson de Courson et, par alliance avec ceux-ci, aux des Rotours de Chaulieu.

Enfin, après une longue carrière de 90 ans honorablement remplie, il décéda à sa terre de Sannerville le 23 juillet 1810, entouré de la considération universelle. (Voir ci-après la teneur de l'acte de décès.)

De messire Olivier des PLANCHES

une fille unique.

Noble damoiselle CATHERINE-LOUISE-HENRIETTE DES PLANCHES, fille unique de messire Olivier des Planches, sieur d'Hérouville, et de dame Catherine-Louise Harel, cousine-germaine des précédents, née probablement à Caen de 1706 à 1710 environ d'après la date du mariage de son père, épousa le mardi 30 septembre 1738, en l'église St-Martin de Caen, messire Guillaume-Nicolas du Buisson, écuyer, sieur de Courson-Cristot, alors seulement lieutenant d'infanterie, et qui devint plus tard capitaine-général des milices gardes-côtes de la capitainerie de Bernières-sur-Mer et chevalier de l'Ordre royal et militaire de St-Louis. Le mariage fut célébré par Philippe Boudin, prêtre, docteur en Sorbonne, recteur de l'Université de Caen et curé de la dite paroisse de St-Martin. (Voir la teneur de l'acte au Catalogue analytique des documents de la maison du Buisson de Courson-Cristot).

Cette union, ainsi que nous l'avons dit dans un autre ouvrage, fut très féconde ; elle donna naissance à sept ou huit enfants, tant fils que filles, dont quatre seulement vécurent un certain nombre d'années et dont deux eurent postérité : Ces derniers sont : 1° Dominique-Nicolas du Buisson de Courson-Cristot, souche des du Buisson de Courson actuels, père d'Ange-Casimir et de madame de Patry, qui recueillirent en 1810 la moitié de la succession de Gabriel-Urbain des Planches, leur grand-oncle ; 2° Jean-Louis-Antoine du Buisson, chevalier de Courson, père de deux filles, mesdames des Rotours de Chaulieu, auxquelles échut l'autre moitié de la succession de Gabriel-Urbain des Planches. (Voir Mémoire historique sur la maison du Buisson, pages 60, 62 et suivantes.)

Nous avons vu plus haut que madame de Courson-Cristot perdit son père Olivier des Planches en 1749 ; elle recueillit son héritage, aux termes d'une sentence d'envoi en possession, le 6 octobre 1749. Plus tard, lorsqu'à cette succession s'adjoignit celle d'Urbain des Planches, au moins en partie, la terre des Planches, sans comprendre les propriétés de Gabriel-Urbain, avait une certaine importance, puisque d'après l'acte d'arpentage fait le 28 avril 1767 par les soins du sieur de Courson-Cristot, elle avait une superficie de 11,445 perches de 24 pieds, c'est-à-dire, en mesure moderne, de 69 hectares 38 ares 3 centiares.

On ignore l'époque exacte et le lieu du décès de Catherine-Louise-Henriette des Planches d'Hérouville ; des recherches faites dans les actes d'état civil d'Amblie et de St-Martin de Caen sont restées infructueuses. Il résulte toutefois d'un acte notarié du 24 décembre 1762 qu'elle était morte à cette date.

NOTA. — La famille des Planches de l'élection de Caen, sieurs de La Fontaine, des Londes, d'Hérouville, de Cloville, etc., se trouva ainsi éteinte en 1810 par le décès de Gabriel-Urbain, son dernier représentant mâle.

TABLEAU SYNOPTIQUE DE LA FILIATION DE LA FAMILLE DES PLANCHES.

Noël des Planques ou des Planches, vivant en 1530 et 1540.

Jean ou Jéhan dès Planques ou des Planches : 1540-1600.

Henry des Planches.	Jacques des Planches.	Charlotte des Planches.

Roch des Planches, marié avec Julienne Vaudry.	Samuel des Planches.	Martin des Planches.

Barbe des Planches, mariée à Nicolas Harel.	Jean II des Planches, sieur de la Fontaine, échevin de Caen de 1686 à 1689.

Gabriel des Planches, écuyer, sieur des Londes : 1645-1705. marié avec Catherine Housset.

Jean III des Planches, écuyer, conseiller du roi, etc., marié avec Madeleine-Thérèse Le Trémançois.	Olivier des Planches, sieur d'Hérouville, marié avec Catherine-Louise Harel.	Urbain des Planches, sieur de Cloville, sans postérité.	Gabriel des Planches, sans postérité.	Catherine des Planches, mariée à N... de Bloué.

Pierre-Jean Robert des Planches, sans postérité.	Jean-Charles des Planches, curé de St-Etienne de Caen.	Gabriel-Urbain des Planches, chevalier de St-Louis, mort en 1810 sans postérité.	Catherine Louise-Henriette des Planches d'Hérouville, mariée le 30 septembre 1733 avec Guillaume-Nicolas du Buisson, sieur de Courson, seigneur et patron de Cristot, dont postérité.

PIÈCES JUSTIFICATIVES.

NOTA. — Les documents analysés ci-après sont ceux qui concernent uniquement et personnellement la famille des Planches; un certain nombre d'autres documents, concernant conjointement la famille des Planches et la famille du Buisson de Courson-Cristot, figurent au Catalogue analytique du Cartulaire de cette dernière famille.

Toutes les qualifications, nobiliaires ou autres, sont scrupuleusement conservées.

1° 29 août 1556. — Autorisation donnée par Pierre André, écuyer, lieutenant-général de très noble et puissant prince (sic) M^re le bailly de Caen, à la requête de Jean des Planques, fils de Noël des Planques (sic), de la paroisse de Coulombiers-sur-Seulle, vicomté de Bayeux, pour pouvoir faire assigner en justice, en débat de tenure, les héritiers de la feue damoiselle Renée Daveau, dame de Banville et de Coulombiers-sur-Seulle, et le sieur Pierre Fresnel, sieur de Lamberville, à la suite de la revendication mutuelle de droits féodaux sur une pièce de terre nommée le fief de Vierville, possédée par le dit des Planques et située au dit lieu de Coulombiers-sur-Seulle. (Parchemin.)
Suit, en date des 5 et 7 septembre 1556, les assignations données aux deux parties intéressées. (Papier.)

2° 17 décembre 1600. — Acte de transaction sous seing privé, mettant fin à un procès pendant en la vicomté de Bayeux au sujet d'un partage de succession mobilière, entre Jéhan et Henry des Planques (sic) et les enfants mineurs de Jacques des Planques, frère du dit Henry et fils du dit Jéhan, d'une part, et Charlotte des Planques, veuve de feu Jacques Renard, d'autre part. (Papier.)

3° 13 février 1633: 9 juillet 1635. — Reconnaissance par acte notarié en date du 9 juillet 1635, d'un Traité de mariage, passé à Caen le 13 février 1633, entre honorable homme Nicolas Harel, bourgeois de la paroisse de St-Julien de Caen, fils et héritier de feu Germain Harel et de feu Françoise de Vy, d'une part, et honorable fille Barbe des Planques, fille d'honorable homme Roch des Planques et de Julienne Vaudry, demeurant en la paroisse St-Pierre de Caen, d'autre part.
Assistants et signataires notables: Maître Jean Le Marchand, pro-

3

cureur commun au bailliage de Caen ; Charles Harel ; Jacques Lamy ; Samuel des Planques; Martin des Planques; Nicolas de Fay, etc., etc., tous parents des futurs époux.

Curieux détails sur la coffrée ou corbeille de la jeune fille. *(Pap.)*

4° **11 juillet 1658.** — Acte notarié constatant que maître Jean des Planches, sieur de La Fontaine, bourgeois de Caen, se porte caution d'une dette contractée par Pierre Bayeux, habitant d'Amblie, envers Abraham Déricq, régisseur de la terre de ce lieu. *(Papier.)*

5° **18 avril 1662.** — Acte notarié portant vente à fin d'héritage par Ezéchias Fallet, bourgeois de St-Nicolas de Caen, au profit de Mre Jean des Planches, bourgeois du dit Caen, d'une demi-acre de terre située à Amblie, delle de la Basse-Epinette, moyennant 80 livres tournois en principal et 30 sols de vin. *(Parchemin.)*

6° **31 décembre 1663.** — Acte sous seing privé contenant vente de la part de damoiselle Lucrèce Le Gardeur, sœur du sieur d'Amblie, au profit de Mre Jean des Planches, sieur de La Fontaine, bourgeois de Caen, de son lot et des immeubles lui appartenant en la paroisse d'Amblie, moyennant la somme de 4,300 livres. *(Pap.)*

7° **7 novembre 1668.** — Acte notarié, passé à Amblie, entre Jean Fallet, de la dite paroisse, et Mre Jean des Planches, sieur de La Fontaine, bourgeois de Caen; échange sans importance d'une demi-acre de terre située à Amblie, delle du Closet, contre trois vergées de terre situées aussi à Amblie, delle de la Vaubaine. *(Parchemin.)*

8° **2 janvier 1669.** — Acte notarié, passé à Creully, entre Gilles de Marguerye, écuyer, et Pierre Lefranc, tous deux prêtres et curés d'Amblie, d'une part, et maître Jean des Planches, bourgeois de Caen, d'autre part; échange de 2 acres de terre, delle des Courtiers, contre 2 acres de terre, delle de la Couture. *(Parchemin.)*

9° **31 octobre 1669.** — Acte sous seing privé passé entre noble homme Henry Halley, docteur et professeur aux droits en l'Université de Caen, et Jean des Planches, bourgeois du dit Caen; échange de 3 vergées de terre situées à Amblie, delle de la Brèche du Clos, contre 3 vergées de terre en la delle de Longchamp. *(Pap.)*

10° **20 septembre 1672.** — Acte notarié portant fief à fin d'héritage, de la part de Mre Jean des Planches, bourgeois de Caen, en faveur de Jacques Poirier, de la paroisse d'Amblie, d'une vergée et demie de terre sur laquelle se trouve maison, cour et jardin, le dit fief consenti moyennant une rente foncière de 6 livres tournois et 2 chapons. *(Parchemin.)*

11° **11 juin 1677.** — Acte sous seing privé passé entre

noble dame Anne de Guerville, épouse de messire Antoine-Hercule Gillain, seigneur de Bénouville, et messire François-Antoine Gillain, seigneur de Caynet (sic), leur fils, d'une part, et Jean des Planches, bourgeois de Caen, et Gabriel des Planches, son fils, contrôleur au grenier à sel de Caen, d'autre part ; échange de quatre pièces de terre situées à Amblie, relevant de la vavassorie d'Hérouville, exemptées de toutes rentes et charges, contre deux autres pièces de terre situées également à Amblie. (*Papier.*)

12° 7 décembre 1679. — Acte notarié portant fief à fin d'héritage de 2 pièces de terre situées à Amblie, delle des carrières d'Orival, le dit fief consenti par M. Gabriel des Planches, sieur des Londes, conseiller et contrôleur au magasin à sel de Caen, faisant fort pour Me Jean des Planches, son père, en faveur de Jacques Berruyer, bourgeois de Creully. (*Parchemin.*)

13° 22 février 1680. — Acte notarié important, passé à Caen, contenant fief à fin d'héritage de diverses terres situées au hameau des Planches, paroisse d'Amblie, le dit fief consenti par maître François Blancpied, conseiller du roi, gruyer, garde-marteau en la maîtrise des Eaux et Forêts en Champagne, au profit de maître Gabriel des Planches, conseiller du roi, ancien contrôleur au grenier et magasin à sel de Caen. (*Parchemin.*)

14° 29 avril 1682. — Acte notarié, passé à Paris, entre François Blancpied, conseiller du roi, gruyer et garde-marteau en la maîtrise des Eaux et Forêts de Reims, et Me Gabriel des Planches, conseiller du roi, ancien contrôleur au grenier à sel de Caen, par lequel le premier reconnaît que la rente de 60 livres, amortissable par 1,300 livres, à lui due par le sieur des Planches en vertu du contrat de fief du 22 février 1680, demeure amortie à partir de la date du présent contrat. (*Papier.*)

15° 30 octobre 1685. — Copie d'un acte notarié contenant constitution d'une rente sur hypothèque de 130 livres en échange d'une somme de 1,340 livres, de la part de Me Jean des Planches, bourgeois de Caen, et de Me Gabriel des Planches, sieur des Londes, conseiller élu, grainetier contrôleur en l'élection et grenier à sel de Caen, au profit d'Anne Le Barbier, veuve du sieur Mallet. (*Papier.*)

16° 10 janvier 1686 ; 3 août 1687. — Acte notarié, en date du 3 août 1687, portant reconnaissance d'un contrat de fief sous-seing privé en date du 10 janvier 1686, fief consenti par Me Gabriel des Planches, conseiller du roi élu, grainetier contrôleur en l'élection et grenier à sel de Caen, au profit de Mathieu Payen, de la paroisse de Creully ; trois vergées de terre situées à Amblie, delle de derrière les Carrières. (*Parchemin.*)

17° 19 avril 1686. — Acte notarié passé à Martragny, por-

tant échange de deux pièces de terre situées à Pierrepont contre
deux autres pièces de terre situées au même lieu, entre Jacques
Marie, de la dite paroisse, et Me Gabriel des Planches, sieur des
Londes, conseiller du roi élu, grainetier contrôleur en l'élection et
grenier à sel de Caen. (Parchemin.)

18° 12 juin 1686. — Acte sous seing privé portant échange
entre Me Gabriel des Planches, sieur des Londes, etc., et Mathieu
Le Jeune.

Le sieur des Planches reçoit, en échange de terres situées à Colombiers-sur-Seulle et qu'il abandonne, divers immeubles situés au
hamel des Planches, paroisse d'Amblie, et ainsi détaillés : 1° 6 vergées en maisons, cour et jardin ; 2° 3 vergées au bas-Jonquet, près
le Clos Basquet ; 3° 3 vergées au Fond-de-raye ; 4° 3 vergées au
haut-Jonquet ; 5° moitié de 5 vergées, delle des Erables ; 6° une
vergée et demie sur le Buisson. (Papier.)

19° 16 juin 1686. — Acte notarié, passé à Creully, portant
vente à fin d'héritage d'une masure et grange avec cour et jardin,
le tout situé à Pierrepont, la dite vente faite par Pierre et Jean Fallet,
frères, au profit de maître Gabriel des Planches, sieur des Londes,
conseiller du roi élu, grainetier contrôleur en l'élection et grenier à
sel de Caen. (Parchemin.)

20° 14 septembre 1686. — Acte sous seing privé entre
Gilles de Marguerye et Robert Le Chartier, prêtres, curés d'Amblie,
et Me Gabriel des Planches, sieur des Londes, etc. ; échange de deux
acres de terre en la delle de Cardonney, faisant partie des obits
d'Amblie, contre 100 sols de rente foncière. (Papier.)

21° 15 novembre 1686. — Acte sous seing privé entre
Jacques Lavielle, prêtre, curé de Coulombiers-sur-Seulle, et
Me Gabriel des Planches, sieur des Londes, etc. ; échange de 3 vergées de terre en la delle du Buisson et d'un petit pré d'une vergée
dans les Prateaux, le tout situé hamel des Planches, contre d'autres
immeubles situés à Coulombiers. (Papier.)

22° 16 juin 1687. — Acte notarié portant fief, moyennant
20 sols de rente foncière, de la part de Marie Le Brethon, veuve de
Jessé Varin, et de celle de Thomas Gilles, au profit de Me Gabriel
des Planches, conseiller du roi élu, grainetier contrôleur héréditaire
en l'élection de Caen. Ce fief comprenait tous les droits de succession de leurs auteurs appartenant aux vendeurs dans les paroisses
d'Amblie et de Pierrepont. (Parchemin.)

23° 30 juin 1687. — Acte notarié, passé à Coulombiers-sur-
Seulle, portant vente à fin d'héritage par Pierre et Pierre Fallet,
frères, au profit de Me Gabriel des Planches, sieur des Londes, con-

seiller du roi élu, grainetier contrôleur en l'élection et grenier à sel de Caen, d'une maison située à Pierrepont, occupant une surface de 3 ou 4 perches, moyennant 29 livres en principal et 15 sols de vin. (*Parchemin.*)

24° 19 juillet 1688. — Acte notarié portant transport d'une rente de 40 sols sur un particulier, le dit transport fait par Louis Boissel et Anne Morel, sa femme, au profit de Me Gabriel des Planches, sieur des Londes, etc. (*Papier.*)

25° 13 juin 1689. — Acte notarié passé entre Guillaume de Marguerie, écuyer, seigneur et patron d'Amblie et de Pierrepont, et Me Gabriel des Planches, sieur des Londes, conseiller du roi élu, grainetier contrôleur en l'élection et grenier à sel de Caen, et portant amortissement de plusieurs petites rentes moyennant la somme de 170 livres 6 sols 9 deniers versée par le sieur des Londes entre les mains du dit seigneur d'Amblie et de Pierrepont. (*Parchemin.*)

26° 7 avril 1694. - Acte notarié contenant transport de deux rentes foncières, l'une de 50 sols, l'autre de 60 sols, passé par Pierre Bidet, de la paroisse d'Amblie, au profit de Me Gabriel des Planches, sieur des Londes, etc., moyennant le prix total de 99 livres. (*Parchemin.*)

27° 9 février 1694. — Acte notarié passé par Marc Foucault, bourgeois de Caen, au profit de maître Gabriel des Planches sieur des Londes, conseiller du roi élu à Caen, le dit acte contenant un transport de rente et la vente d'une parcelle de terre située à Amblie, moyennant une somme totale de 30 livres. (*Parchemin.*)

28° 7 mars 1694. — Délibération des paroissiens d'Amblie, sous la présidence de Gilles de Marguerye, écuyer, prêtre, curé du dit lieu, autorisant l'échange de 9 vergées et demie de terre en la delle de la Londette, proposé par monsieur des Planches (Jean), contre 9 à 10 vergées appartenant présentement au dit sieur des Planches dans la delle des Courtes Londes ; 23 signatures. (*Pap.*)

29° 4 avril 1694. — Acte sous seing privé portant échange entre la paroisse d'Amblie, représentée par ses délégués, et Me Jean des Planches, bourgeois de Caen, de 9 vergées et demie de terre situées à Amblie, delle de la Londette, contre 10 vergées situées même paroisse, delle des Courtes Londes, près des obits. L'acte est ratifié par Gilles de Marguerye et David Labbé, prêtres, curés d'Amblie, et par Marc-Antoine Le Prévost, écuyer, seigneur et patron d'Amblie. (*Papier.*)

30° 15 avril 1694. — Acte notarié portant vente à fin d'héritage par messire Marc-Antoine Le Prévost, chevalier, seigneur et patron d'Amblie, au profit de Mre Jean des Planches, bourgeois de

Caen, y demeurant paroisse St-Pierre : 1° de 3 vergées nommées le Jardin de la Vallée ; 2° de 6 vergées nommées le Brouge-camp ; 3° de 8 autres perches de terre, le tout moyennant le prix de 588 livres 13 sols. (*Parchemin.*)

31° 10 novembre 1694. — Sentence rendue au bailliage et haute justice de St-Gabriel, contenant profit de défaut pour maître Gabriel des Planches, sieur des Londes, conseiller du roi, etc., contre Pierre Benoist, de la paroisse d'Amblie, et condamnant le dit Benoist au paiement dans les huit jours de 16 années d'arrérages d'une partie de rente de 21 sols et de 10 livres pour les dépens, sous peine de la prise de possession par le sieur des Planches d'une portion de terre avec masure et jardin, située à Amblie, et sur laquelle la dite rente était hypothéquée. (*Parchemin.*)

32° 23 mars 1695. — Acte notarié passé entre maître Gabriel des Planches, sieur des Londes, conseiller du roi élu en l'élection de Caen, et Gratien Costil, de la paroisse de Ver ; échange de deux pièces de terre situées à Coulombiers-sur-Seulle, delle de la Londe et des Courtils, contre trois pièces de terre situées à Amblie et Coulombiers, delles de la Londette, du haut Mainpain et de Campable, appartenant au moment de la passation de l'acte au sieur Costil. (*Parchemin.*)

33° 20 mai : 18 août 1695. — Sentence du bailliage et siège présidial de Caen, en date du 20 mai 1695, signifiée le 18 août suivant, au sujet d'une rente due à l'aïeul d'Augustin Durand, écuyer, sieur de Missy, solidairement par Roch des Planches, Robert Néel, chevalier, seigneur de Tierceville, et deux autres. Jean des Planches, fils de Roch, est mis hors de cause par suite de sa renonciation, en date du 2 août 1649, à la succession de son père. Mention de Louis de Galcouin, écuyer, seigneur de Ver. (*Papier.*)

34° 26 juillet 1695. — Acte notarié passé entre messire Marc-Antoine Le Prévost, chevalier, seigneur et patron d'Amblie, demeurant au manoir seigneurial du dit lieu, et maître Jean des Planches, bourgeois de St-Pierre de Caen ; échange de 5 acres de terre, delle de la Crotte-Gaillard, et d'une acre, delle de la Londette, contre un pré nommé l'Acre au quart, et 5 perches en plus le long de la Seulle. (*Parchemin.*)

35° 1er mars 1697. — Acte sous seing privé passé entre Gilles de Margueryc et Gaspard Le Febvre, prêtres, curés d'Amblie et de Pierrepont, d'une part, et maître Jean des Planches, bourgeois de Caen, d'autre ; échange de plusieurs petites pièces de terre situées en la paroisse d'Amblie, contre d'autres pièces de terre de même nature. (*Papier.*)

36° 15 mai 1697. — Acte sous seing privé entre Gilles de

Marguerye et Gaspard Le Febvre, prêtres, curés d'Amblie et de
Pierrepont, d'une part, et M⁰ Gabriel des Planches, sieur des Londes,
conseiller du roi élu à Caen, d'autre part ; échange peu important
de terres situées au terroir d'Amblie. (*Papier*.)

37° 5 juin 1698. — Acte notarié portant vente d'une vergée
et demie de terre située à Pierrepont, la dite vente faite par Jacques
Marie, de la paroisse de Fontaine-Henry, au profit de M⁰ Gabriel
des Planches, sieur des Londes, conseiller du roi élu à Caen. (*Parchemin*.)

38° ... août 1699 : 30 mars 1700. — Extrait des Registres mémoriaux de la Cour des Aides de Normandie, déposés
aux archives préfectorales de la Seine-Inférieure.

Lettres-patentes de Louis XIV, signées au mois d'août 1699, et
portant ANOBLISSEMENT de Gabriel des Planches, sieur des Londes,
conseiller élu en l'élection de Caen, fils de Jean des Planches, l'un
des anciens échevins de la dite ville de Caen.

Enregistrement de ces Lettres sur les registres de la Cour des
Aides de Rouen, par arrêt de cette Cour en date du 30 mars 1700.

Expédition légalisée sur papier timbré, collationnée par l'archi-
viste, certifiée conforme le 16 mars 1869 par le secrétaire général
de la préfecture de la Seine-Inférieure, et dont la teneur suit :

« LOUIS, PAR LA GRACE DE DIEU ROY DE FRANCE ET DE NAVARRE, à tous
« présens et advenir SALUT:

« Par nostre Edit du mois de mars mil six cent quatre-vingt-seize, vérifié
« ou besoin a esté, nous avons annobly le nombre de cinq cens personnes
« dans nostre Royaume, qui seront choisies parmy ceux qui se sont le plus
« distingués par leur mérite, vertus et bonnes qualités, à chacun desquels les
« Lettres particullières d'Annoblissement seront expédiées en payant les
« sommes aux quelles elles ont esté fixées ; et estant pleinement informez
« de la famille, vertus et bonnes qualitéz de nostre cher et bien aimé
« GABRIEL DES PLANCHES, SIEUR DES LONDES, de nostre Province de
« Normandie, NOSTRE CONSEILLER ESLEU EN L'ÉLECTION DE CAEN, et cy devant
« CONTROLEUR ANCIEN AU GRENIER A SEL DE LA DITE VILLE, desquels offices il
« a fait et fait encore les fonctions depuis vingt huit années avec beaucoup
« d'honneur, d'aprobation, nous ayant mesme servy pendant sa jeunesse en
« qualité de SOUS-LIEUTENANT et ensuite de CAPITAINE D'UNE DES COMPAGNIES
« DES BOURGEOIS DE LA DITTE VILLE DE CAEN, ayant toujours VÉCU NOBLEMENT,
« ainsy que JEAN DES PLANCHES, SON PÈRE, vivant L'UN DES MAIRES ET
« ESCHEVINS DE LA DITTE VILLE, de sorte que voulant donner au dit sieur
« des Planches, sieur des Londes, des marques de nostre satisfaction, nous
« l'avons choisy et agréé, choisissons et agréons pour l'un des dits cinq cens
« annoblis, ainsi qu'il est contenu en l'estat arresté en nostre Conseil le sept
« juillet mil six cent quatre vingt dix neuf, en conséquence duquel il a payé
« la finance réglée par arrest du trois avril mil six cent quatre vingt seize, et
« par le rôole du sept aoust au dit an, suivant la quittance du garde de

« nostre Trésor Royal, en dabte du vingt du mois de juillet de la présente
« année, enregistrée au controlle général des finances le vingt cinq du mesme
« mois, cy attachée scus nostre contresel ;

A CES CAUSES et autres considérations à ce nous mouvans, de nostre
« grâce spéciale, pleine puissance et autorité royale, par ces présentes
« NOUS AVONS ANNOBLY ET ANNOBLISSONS le dit sieur GABRIEL DES PLANCHES,
« SIEUR DES LONDES, pour estre du nombre des dits cinq cents Annoblis,
« et du TITRE et QUALITÉ DE NOBLE ET D'ESCUYER NOUS L'AVONS DÉCORÉ
« ET DÉCORONS, VOULONS ET NOUS PLAÎT QU'IL SOIT TENU, CENSÉ ET RÉ-
« PUTÉ POUR TEL, ENSEMBLE SES ENFANTS ET SA POSTÉRITÉ, TANT MALES
« QUE FEMELLES, NAIS OU NAISTRE EN LÉGITIME MARIAGE, tout ainsy que s'ils
« estoient issus de noble et ancienne extraction, et que luy et sa postérité
« soient en tous lieux censés et réputtez pour nobles, comme tels ils puissent
« PRENDRE LA QUALITÉ D'ESCUYER, PARVENIR AU DÉGRÉ DE CHEVALERIE ET AUTRES
« HONNEURS RÉSERVÉS A NOSTRE NOBLESSE, et qu'ils jouissent et usent de tous
« les droits, prérogatives, priviléges, prééminences, franchises, libertéz et
« immunitez, dont jou ssent et cnt accoutumé de jouir les autres nobles de nos-
« tre Royaume, comme aussy qu'ils puissent acquérir, tenir et posséder tous fiefs,
« terres et seigneuries nobles, de quelque titre et qualité quelles soient ; NOUS

« LUY PERMETTONS DE PORTER DES ARMOIRIES TIMBRÉES, TELLES QU'ELLES SE-
« RONT RÉGLÉES ET BLASONNÉES PAR LE SIEUR D'HOZIER, comme exercant l'office
« de Juge d'Armes de France, en vertu de la commission expresse que nous luy
« en avons donnée par arrest de nostre Conseil du 18 décembre mil six cent
« quatre vingt seize, et ainsy qu'elles seront peintes et figurées dans les pré-
« sentes Lettres, avec pouvoir de les faire peindre, graver et insculper en tels
« endroits de sa maison, terres et seigneuries que bon luy semblera, sans
« que pour raison du présent annoblissement le dit sieur des Planches et sa
« postérité soient tenus de nous payer, ny à nos successeurs et Roys, aucune
« finance ni indemnité dont, à quelque somme qu'elle puisse monter, nous

« leur avons fait et faisons don par ces présentes, A LA CHARGE DE VIVRE NO-
« BLEMENT SANS DÉROGER A LA DITE QUALITÉ, et sans que le dit annoblisse-
« ment puisse estre par nous supprimé, ny révoqué, ny faict aucune taxe
« pour estre confirmé, conformément à nostre Edit.

« SY DONNONS EN MANDEMENT à nos amez et féaux conseillers, les gens te-
« nant nostre Cour de Parlement, Chambre des Comptes et Cour des Aides à
« Rouen, trésoriers de France et autres nos justiciers qu'il appartiendra, que
« ces présentes ils ayent à faire enregistrer et du contenu en icelle faire jouir
« et user le dit sieur des Planches, sieur des Londes, et sa postérité, en faisant
« cesser tous troubles et empêchements.

« CAR TEL EST NOSTRE PLAISIR.

« Donné à Marly, au mois d'août l'an de grâce mil six cent quatre-vingt-
« dix-neuf, et de nostre règne le cinquante-septiesme.

« Signé : LOUIS.

« Sur le reply est écrit :

« Par le roy :

« Signé: PHÉLIPPAUX.

« Les dites Lettres de noblesse, délivrées à Gabriel des Planches, et scellées
« en lacs de soye verte et rouge d'un grand sceau de cire verte, avec le contre-
« scel de pareille cire, ont été registrées ès registres de la Cour des Aides de
« Normandie, suivant l'arrest d'icelle de ce jourd'huy trentiesme de mars mil
« sept cents. »

Signé : *Noel.*

39° **28 décembre 1699.** — Acte de transaction sous seing
privé, entre messire de Coupesarte (Le Prévost de Coupesarte, seigneur d'Amblie) et des Londes (Gabriel des Planches), au sujet du
chemin de la Londette. (*Papier.*)

40° **22 juillet : 10 août 1705.** — Lots et partages de la
succession de feu Gabriel des Planches, écuyer, sieur des Londes,
conseiller en l'élection de Caen, les dits lots présentés à ses trois
frères le 22 juillet 1705 par Gabriel des Planches, fils puîné du défunt. — L'acte constate que le projet des lots fut dressé en présence
de Mr Dauchin, conseiller secrétaire du roi, parent, et de Mr André
Harel, avocat au bailliage et siège présidial de Caen, ami de la
famille.

Choisie des dits lots à la date du 10 août 1705 ;

Jean des Planches, aîné, déclara prendre le quatrième lot ;

Olivier des Planches (sieur d'Hérouville), second frère, opta
pour le second lot ;

Urbain des Planches (sieur de Cloville), troisième frère, choisit
le premier lot ;.

Gabriel des Planches, puîné, obtint donc par non choix le troisième lot.

Les immeubles formant les 1er, 2e et 3me lots étaient en presque
totalité à Amblie, au hameau des Planches ou à Pierrepont ; le

4me lot comprenait dans son entier le domaine de Sannerville (canton de Troarn). (*Papier*.)

41° **31 août: 19 septembre 1706**. — Acte notarié, en date du 19 septembre 1706, portant reconnaissance d'un traité de mariage passé en la paroisse de Cingal le 31 août précédent, entre Olivier des Planches, écuyer, sieur d'Hérouville, conseiller du roi élu à Caen, fils de feu Gabriel des Planches, écuyer, sieur des Londes, conseiller du roi aussi élu au dit Caen, et de dame Catherine Housset, d'une part; et damoiselle Catherine Harel, fille d'Henry Harel, sieur du Val, et de damoiselle Catherine Mériel, d'autre part. (*Parchemin*.)

42° **9 octobre 1708**. — Acte sous seing privé passé entre Nicolas Daon, sieur de La Vauterie, et Olivier des Planches, écuyer, sieur d'Hérouville, conseiller du roi en l'élection de Caen; échange d'une demi-acre de terre, située à Amblie et nommée le Chastel, contre une partie de 16 livres 13 sols 4 deniers de rente. (*Papier*.)

43° **26 septembre 1710**. — Acte notarié portant cession et transport de diverses rentes hypothéquées, par André Lemercier, marchand à Caen, au profit d'Olivier des Planches, écuyer, sieur d'Hérouville, conseiller du roi élu à Caen, ledit transport moyennant le paiement d'une somme de 2,256 livres. (*Parchemin*.)

44° **5 janvier 1712**. — Acte notarié, passé à Creully, portant transport d'une rente foncière de 30 sols par Antoine et François Nicolle, de la paroisse des Coulombiers-sur-Seulle, au profit de Gabriel des Planches, écuyer, demeurant paroisse St-Pierre de Caen, moyennant la somme de 30 livres. (*Parchemin*.)

NOTA. — Cette rente foncière provenait de la vente, faite le 22 mai 1689 par Jacques Nicolle au profit de Gabriel Bertrand, d'un petit jardin avec masure situé au hameau des Planches, paroisse d'Amblie. L'acte de vente en parchemin est également conservé.

45° **6 septembre 1712**. — Acte notarié passé à Cheux; vente par Gabriel Geoffroy, sieur Desportes, fondé de la procuration de Pierre Fallet, sieur de Beaumont, et de Jean, son frère, au profit d'Olivier des Planches, écuyer, sieur d'Hérouville, conseiller du roi élu en l'élection de Caen, d'un jardin et de divers héritages situés au terroir d'Amblie, notamment delle de la Canée et de Mion, moyennant la somme de 1,200 livres et 28 livres de vin. (*Parchemin*.)

46° **29 septembre 1712**. — Acte notarié portant vente par Jacques de Pierrepont, écuyer, sieur de Longchamp, demeurant à Vaussieu, petit-fils de Charles de Pierrepont, au profit de Gabriel des Planches, écuyer, demeurant paroisse de St-Pierre de

Caen, d'une maison avec cour et jardin, située à Pierrepont, et de 65 sols de rente foncière, le tout moyennant la somme de 1,000 livres. (*Parchemin.*)

47° **27 septembre 1713**. — Acte notarié, passé à Amblie, portant vente à fin d'héritage par Olivier des Planches, écuyer, sieur d'Hérouville, conseiller du roi en l'élection de Caen, au profit de Richard Hermerel, de la paroisse de Fresney, de deux acres de terre situées à Amblie, moyennant la somme de 450 livres. (*Parchemin.*)

Le même acte mentionne en marge le retrait de ces deux acres de terre fait par Gabriel des Planches, écuyer, le 30 mars 1714.

48° **4 mars 1715**. — Acte sous seing privé entre Olivier des Planches, écuyer, sieur d'Hérouville, conseiller, etc., et Gabriel des Planches, écuyer, son jeune frère ; échange d'immeubles situés à Amblie, aux Planques (sic) et à Pierrepont, contre diverses rentes foncières. (*Papier.*)

49° **10 octobre 1715**. — Acte sous seing privé contenant transport d'une rente foncière de 8 livres par Olivier des Planches, écuyer, sieur d'Hérouville, conseiller du roi en l'élection de Caen, au profit de Guillaume de Marguerye, écuyer, sieur de Livry, curé d'Amblie, pour équilibrer un échange fait entre Jean des Planches et la cure d'Amblie le 15 septembre 1686. (*Papier.*)

50° **2 mai 1720**. — Acte notarié portant récépissé de la somme de 3,000 livres, donné par les religieuses Carmélites de Caen à Olivier des Planches, écuyer, sieur d'Hérouville, conseiller du roi élu en l'élection de Caen, et constatant que ce paiement a été effectué par ce dernier en remboursement de partie de rente constituée en 1697 par Guillaume de Marguerie, écuyer, seigneur et patron de Pierrepont et d'Amblie, et par François de Marguerie, écuyer, son fils, à la suite d'acquisition d'une parcelle de propriété appartenant à ces derniers faite par le sieur d'Hérouville. (*Parchemin.*)

51° **30 septembre 1720**. — Acte notarié portant fief à fin d'héritage, moyennant une rente viagère de 60 livres, de moitié de maison avec deux jardins et droit de colombier, le tout situé à Amblie, ledit acte passé par Jean Fallet, bourgeois de Caen, au profit d'Urbain des Planches, sieur de Cloville, conseiller du roi, ancien avocat de Sa Majesté au bailliage et siège présidial de Caen. (*Parchemin.*)

52° **16 mai 1722**. — Acte notarié entre Olivier des Planches, écuyer, sieur d'Hérouville, conseiller du roi élu en l'élection de Caen, et Salomon Durozier ; amortissement par le premier d'une rente de 50 livres. (*Parchemin.*)

53° **3 juin 1722**. — Acte notarié par lequel Urbain des

Planches, sieur de Cloville, conseiller et ancien avocat du roi au bailliage et siége présidial de Caen, y demeurant paroisse St-Julien, agissant en son nom et au nom de sa femme Salomé Couture, veuve de messire Jacques de La Rivière, seigneur de Crévecœur, renonce à diverses sommes mentionnées dans l'acte et à lui dues par les parents de sa femme et par son frère Olivier des Planches, sieur d'Hérouville, conseiller du roi en l'élection de Caen. (*Parchemin.*)

54° 10 juillet 1723. — Déclaration des héritages appartenant à Mre Olivier des Planches, écuyer, sieur d'Hérouville, conseiller du roi en l'élection de Caen, fils et héritier de feu Mre Gabriel des Planches, écuyer, sieur des Londes, aussi conseiller du roi en l'élection de Caen, lequel Gabriel avait épousé Catherine Housset, fille de Me Olivier Housset, greffier général de la prévôté de Normandie ; les dits héritages situés en la paroisse de Cerisy au lieu dit Houlotte, et réellement en puînesse du tènement au fief Niobé, appartenant à Son Altesse François-Armand de Lorraine, évêque de Bayeux, à cause de sa baronnie de Boisdelle. (*Papier.*)

55° 30 octobre 1724 — Bail à ferme notarié de 5 vergées de terre situées à Coulombiers-sur-Seulle, delle de dessus les Carrières, le dit bail consenti au profit de Jacques Bidet par Urbain des Planches, sieur de Cloville, conseiller du roi, premier et ancien avocat de S. M. au bailliage et siège présidial de Caen. — Même bail sous seing privé consenti à Léonard Ferrand le 26 décembre 1730, et à Nicolas Benoist le 22 mai 1732. (*Papier.*)

56° De 1730 à 1750 environ. — Registre manuscrit de 48 pages, attribué d'après l'écriture et divers indices certains à messire Urbain des Planches, écuyer, sieur de Cloville, conseiller du roi au bailliage et siège présidial de Caen. (*Papier.*)

Le titre de ce registre est ainsi conçu : « *Estat des maisons et* « *héritages, labourables ou autres, que je possède aux pa-* « *roisses d'Amblie, Pierrepont et Coulombiers-sur-Seulle,* « *tant par lots avec mes frères que par acquest ou échanges,* « *dans lequel est fait mention des titres et contrats d'acquest* « *tant nouveaux qu'anciens, et des jouxtes et butes des héri-* « *tages, ainsi que de la tenure.* — TERRE DES PLANCHES. » Il résulte de l'examen de ce registre qu'il ne traite en réalité que de la terre des Planches.

Les principales propriétés qui y sont longuement détaillées sont les suivantes : 1° Enclos et entretenant des Planches, sur lequel sont les maisons manables ; 2° le lieu Fallet ; 3° la cour Baussy ; 4° la Pigache ; 5° les Prateaux ; 6° la delle de dessus le Buisson ; 7° la delle de Erables ; 8° le haut et bas Mainpain ; 9° la delle des Perrelles. Ce document est fort important et fort curieux.

57° 16 mai 1733. — Aveu de diverses pièces de terre situées

à Amblie, rendu par Urbain des Planches, sieur de Cloville, conseiller du roi et son avocat du bailliage et siège présidial de Caen,
fils de Gabriel des Planches, à très illustre religieuse dame madame
Marie-Anne Scaglia de Verrüe, abbesse de l'abbaye royale de S^te-
Trinité de Caen, et aux dames prieure et religieuses de la dite abbaye,
à cause de leur noble fief, terre et seigneurie d'Amblie, devant
Pierre Moisson, sieur Durville, docteur agrégé aux droits en l'Université de Caen. (*Papier.*)

58°, 59°, 60° et 61° 13 juillet 1733 : 16 avril 1734 :
12 novembre 1734 : 16 janvier 1737 — Liasse de qua-
tre documents, se faisant suite l'un à l'autre, au sujet d'un procès
gagné par Olivier des Planches. Ces quatre documents sont les sui-
vants :

1° Sentence du bailliage et siége présidial de Caen, du 13
juillet 1733, rendue sur l'appel d'une sentence de la vicomté de
cette ville interjeté par maître Olivier des Planches, sieur d'Hérouville, conseiller du roi élu en l'élection de la dite ville. Cette dernière
sentence, faisant droit sur l'appel, annulle celle de la vicomté et
condamne le sieur Pierre Gautier, banquier à Caen, à payer au
d'Hérouville l'intérêt de la somme de 5,693 livres 10 sols, représentant la valeur de la vente d'une maison, à partir du 30 juillet
1730. (*Parchemin.*)

2° Sentence de la vicomté de Caen, du 16 avril 1734, rendue à
la requête de Me Olivier des Planches, sieur d'Hérouville, etc., et
enjoignant au sieur Pierre Gautier, banquier à Caen, débiteur d'une
somme de 5,693 livres 10 sols envers le sieur d'Hérouville, de verser
3,500 livres entre les mains du sieur Joseph Robillard, écuyer,
pour l'amortissement d'une rente due à ce dernier par le sieur
d'Hérouville. (*Parchemin.*)

3° Sentence du bailliage et siége présidial de Caen, du 12 novembre 1734, rendue sur l'appel interjeté par Pierre Gautier, de
la sentence de la vicomté ci-dessus relatée, et rendue conformément
aux conclusions d'Olivier des Planches, sieur d'Hérouville. Cette
dernière sentence déclare l'appel infondé, maintient la sentence de la
vicomté et condamne le sieur Gautier à l'amende et aux dépens de
l'instance. (*Parchemin.*)

4° Arrêt du Parlement de Rouen, du 16 janvier 1737, rendu
entre le sieur Pierre Gautier, banquier à Caen, et maître Olivier
des Planches, sieur d'Hérouville, conseiller élu en l'élection de
Caen, sur le pourvoi interjeté par le premier de deux sentences du
bailliage et siége présidial de Caen, qui lui avaient été défavorables.
Cet arrêt maintient les deux sentences rendues en faveur du sieur
des Planches, rejette le pourvoi du sieur Gautier et le condamne à
l'amende envers le roi et aux dépens de toute l'instance envers le
sieur des Planches d'Hérouville. (*Parchemin.*)

62° **24 mai 1735 : 25 septembre 1737**. — Signification en date du 25 septembre 1735, d'un extrait de gage-plège de
la baronnie de Boisdelle (près Cerisy l'abbaye), tenu le 24 mai 1735,
la dite signification faite au sieur des Planches d'Hérouville (Olivier)
à la requête de Me Jacques Balley, conseiller du roi, contrôleur au
grenier à sel de Bayeux, adjudicataire des biens et revenus de la
baronnie de Boisdelle, appartenant à monseigneur Paul d'Albert de
Luynes, évêque de Bayeux. — Le gage-plège constatait que le sieur
des Planches d'Hérouville, héritier de Gabriel des Planches qui
avait épousé la fille et héritière de feu Olivier Housset, était tenu
pour cette raison de rendre aveu d'une partie du fief Niobey, situé
en la dite baronnie. (*Papier*.)

63° **9 avril 1736**. — Bail à ferme sous seing privé consenti
pour six ans par monsieur des Planches de Cloville (Urbain), avocat
du roi à Caen, et renouvelé le 9 novembre 1744, en faveur de
Jacques Le Pelletier, de la paroisse de Colombiers-sur-Seulle, le
dit bail comprenant le Grand Pré et le Pré Mion, situés au terroir
d'Amblie, moyennant la somme annuelle de 400 livres. (*Papier*.)

64° **29 août 1736**. — Bail à ferme sous seing privé de divers
immeubles situés à Amblie ou à Pierrepont, consenti par Olivier
des Planches, sieur d'Hérouville, conseiller du roi en l'élection de
Caen, en faveur de Philippe Baillé, de la paroisse de Pierrepont,
moyennant la somme annuelle de 500 livres, six chapons gras, etc.,
etc. (*Papier*.)

65° **25 août 1737**. — Bail à ferme sous seing privé de deux
vergées et demie de terre, situées à Amblie, delle d'entre les deux
chemins, le dit bail consenti moyennant 8 livres par an et pour six
ans par monsieur de Cloville (Urbain des Planches), avocat du roi à
Caen, en faveur de Guillaume Couesnon. (*Papier*.)

66° **9 août 1738**. — Acte passé devant le notaire apostolique
au diocèse de Bayeux; fief d'emplacement d'un banc dans l'église
St-Martin de Caen, consenti par les paroissiens à Olivier des Planches, sieur d'Hérouville, conseiller du roi en l'élection de Caen,
moyennant une rente foncière de 40 sols. (*Papier*.)

67° **27 novembre 1744**. — Lots et partages en trois parts
de la succession de feu Gabriel des Planches (fils puîné de feu Gabriel des Planches, écuyer, sieur des Londes, conseiller du roi en
l'élection de Caen), présentés à ses frères ou à leurs représentants
par Urbain des Planches, sieur de Cloville, troisième frère du défunt.

Acceptation des lots sous certaines modifications précisées;
choisie à la date du 27 novembre 1744.

Le premier lot fut choisi par les trois enfants et héritiers de
Jean des Planches aîné en la dite succession, savoir : Pierre-Jean-
Robert des Planches, lieutenant au régiment de Piémont, représenté,

en vertu d'une procuration passée à Strasbourg, par son second frère Jean-Charles des Planches, diacre, et enfin Gabriel-Urbain des Planches, puîné.

Olivier des Planches, sieur d'Hérouville, opta pour le second lot.

Le troisième lot resta donc, par non choix, à Urbain des Planches, sieur de Cloville. — Les immeubles de cette succession en presque totalité se trouvaient situés dans les paroisses d'Amblie, de Pierrepont et de Lantheuil (*Papier.*)

68° 19 février 1743 — Acte notarié passé entre Pierre Gautier, banquier à Caen, Olivier des Planches, sieur d'Hérouville, conseiller du roi en l'élection de Caen, et Joseph de Robillard, écuyer ; remboursement au sieur d'Hérouville d'une somme de 2,193 livres 10 sols lui restant due par le sieur Gautier, et amortissement d'une partie de rente, avec paiement d'arrérages, due au sieur de Robillard par le dit sieur des Planches. (*Papier.*)

69° 25 janvier 1745. — Acte notarié, passé à Evrecy, portant constitution par Olivier des Planches, sieur d'Hérouville, conseiller du roi, doyen de l'élection de Caen, au profit de damoiselle Catherine Aubert, d'une rente hypothéquée de 125 livres en échange du versement fait par elle entre ses mains d'une somme de 2,500 livres. (*Parchemin.*)

70° 18 octobre 1746. — Lettres-patentes de Louis XV, octroyant à messire Olivier des Planches, sieur d'Hérouville, en récompense de 40 ans de services, la faveur et prérogative de rester conseiller du roi honoraire en l'élection de Caen, après que le dit sieur d'Hérouville avait résigné ses fonctions. Voici la teneur de ces Lettres-patentes :

« LOUIS, PAR LA GRACE DE DIEU ROY DE FRANCE ET DE NAVARRE, à nos
« amés et féaux conseillers les gens tenant notre cour des Comptes, Aides et
« Finances à Rouen, SALUT. Après les services qui ont esté rendus par notre
« cher et bien aimé OLIVIER DES PLANCHES, ÉCUYER, SIEUR D'HÉROUVILLE,
« pendant plus de quarante années consécutives dans l'office de notre con-
« seiller élu en l'Election de Caen, dont il a fait l'exercice et les fonctions
« avec toute l'exactitude et la probité qu'on a pu souhaiter de luy, depuis le
» huit juillet mil sept cent six qu'il y a esté receu sur les Lettres de provision
« qu'il en avait obtenues, jusqu'au dix-neuf septembre dernier que le sieur
« Gabriel Louyer de Bertheris y a pareillement esté receu en son lieu et
« place et sur sa résignation, Nous avons cru devoir reconnaître par quel-
» ques marques d'honneur *le zèle, la capacité, le travail et les talents* qui ont
« distingué le dit sieur des Planches d'Hérouville et le récompenser de ses
« longs services par des témoignages de satisfaction qui puissent toutefois
« nous conserver et au public l'avantage que l'on doit attendre de son expé-
« rience et de ses avis et de la connaissance qu'il s'est acquise des matières
« qui font l'objet de la Compagnie dans laquelle il a servi :

« A CES CAUSES et pour autres considérations, NOUS AVONS, par ces présentes
« signées de notre main, PERMIS ET ACCORDÉ, et de notre grâce spéciale, pleine

« puissance et autorité royale PERMETTONS ET ACCORDONS au dit sieur des
« Planches d'Hérouville que, nonobstant la résignation qu'il a faite du dit
« office, il puisse continuer de se dire et qualifier en tous actes et en toutes
« occasions, tant en jugement que dehors, *notre conseiller élu en l'Election*
« *de Caen*, et qu'il jouisse de tous les honneurs, avantages et prérogatives
« attribués au dit office, et dont il a jouy ou deu jouir avant sa dite rési-
« gnation ; lui permettons en outre par ces présentes d'assister et prendre
« place en la d. Election tant aux audiences qu'en la Chambre du Conseil
« et en toutes les assemblées ordinaires et extraordinaires, et d'y avoir voix
« et opinion délibérative, avec rang et séance, du jour et date de sa récep-
« tion, à condition toutefois qu'il ne pourra prétendre aucuns droits ni émo-
« luments appartenant au d. office et qu'il ne jouira d'aucun des privilèges
« (financiers) qui y sont attribuéz.

   « SY VOUS MANDONS ET ENJOIGNONS que ces d. présentes vous ayez à faire
« registrer et de leur contenu jouir et user le d. sieur des Planches d'Hérou-
« ville pleinement et paisiblement, cessant et faisant cesser tous troubles et
« empêchements contraires.

   « CAR TEL EST NOTRE PLAISIR.

   « Donné à Fontainebleau le dix-huitième jour d'octobre, l'an de grâce mil
« sept cent quarante six, et de notre règne le trente-deuxième.

Signé : LOUIS.

Par le roy :

Signé : DE VOYER.

Suit un grand sceau en cire jaune sur queue de parchemin, d'un
côté aux armes de France, de l'autre à l'effigie du roi Mention, au
bas de ce document, de l'enregistrement de ces Lettres, à la date du
10 février 1747, en la cour des Comptes, Aides et Finances de
Normandie. *(Parchemin.)*

   71° **21 janvier 1747**. — Acte de transaction sous seing
privé et sans grande importance entre le sieur Robillard, écuyer,
et le sieur des Planches d'Hérouville. *(Papier.)*

   72° **26 novembre 1747**. — Bail à ferme sous seing privé
de deux herbages situés à Amblie et nommés le Grand Pré et le
Pré Mion, le dit bail consenti pour 6 années au profit de Jean
Jouanne, de la paroisse de Colombiers-sur-Seulle, par monsieur des
Planches de Cloville (Urbain), conseiller honoraire du roi, ancien
avocat de Sa Majesté au bailliage et siège présidial de Caen et subdélégué de l'Intendance du dit lieu. *(Papier.)*

   73° **3 mars 1752**. — Bail à ferme sous seing privé du pré
nommé le Jardin Pavie et situé aux Planches, le dit bail consenti,
moyennant le prix de 30 livres, en faveur de Jean Garnier, de
Colombiers-sur-Seulle, par monsieur de Cloville *(Papier)*.

   74° **8 octobre 1754**. — Bail à ferme sous seing privé de deux
vergées de terre situées à Amblie, delle d'entre les deux chemins, le
dit bail consenti pour 6 ans en faveur de Guillaume Couesnon,

d'Amblie, par Urbain des Planches, sieur de Cloville, conseiller honoraire du roi, ancien avocat de Sa Majesté au bailliage et siège présidial de Caen et subdélégué de la Généralité de cette ville. (*Pap.*)

75° **30 octobre 1754**. — Bail à ferme notarié du pré dit Jardin Pavie et situé aux Planches, le dit bail consenti, moyennant le prix de 35 livres, en faveur de Jean Ameline, de Colombiers-sur-Seulle, par Urbain des Planches, sieur de Cloville, conseiller, etc., etc. (*Papier.*)

76° **7 mai 1755**. — Bail à ferme notarié, passé à Creully, comprenant diverses terres situées à Amblie et au hameau des Planches, notamment le Buisson, les Prateaux, etc., le dit bail consenti pour 6 ans, moyennant le prix annuel de 400 livres et diverses autres obligations, par Urbain des Planches, sieur de Cloville, conseiller honoraire, etc., en faveur d'Anne Fontaine, veuve d'Antoine Le Friant, de la paroisse d'Amblie. (*Papier.*)

77° **15 octobre 1755**. — Bail à ferme notarié, passé à Creully, comprenant une maison avec jardin et diverses pièces de terres situées à Amblie, moyennant le prix annuel de 80 livres, par Urbain des Planches, sieur de Cloville, conseiller du roi, premier et ancien avocat de Sa Majesté, etc., en faveur de Thomas Morel demeurant au hameau des Planches. (*Papier.*)

78° **18 juillet 1756**. — Acte notarié portant reconnaissance par les héritiers de Gabriel Bertrand, demeurant au hameau des Planches, paroisse d'Amblie, de diverses rentes foncières dues à Urbain des Planches, sieur de Cloville, conseiller, etc., demeurant à Caen, paroisse St-Jean. Ces rentes avaient leur origine dans le transport qui en fut fait le 5 janvier 1712 au profit de Gabriel des Planches, frère du sieur de Cloville, par Antoine et François Nicolle, de la paroisse de Colombiers. (*Parchemin.*)

79° **14 avril 1808**. — Grosse de l'acte authentique, en date du 14 avril 1808, contenant le testament de Gabriel-Urbain des Planches, demeurant à Saunerville, canton de Troarn. Ce testament est ainsi conçu :

« Je donne et lègue à mes héritiers de ma ligne *paternelle* tous les immeu-
« bles qui m'appartiendront au moment de mon décès, n'importe à quel en-
« droit ils seront situés.

« Je veux que mes héritiers de ma ligne paternelle paient à ceux de ma
« ligne maternelle, à l'expiration de l'année de mon décès, une somme de
« trois mille francs dont je leur fais donation.

« Tel est mon testament et ma volonté . »

Par suite de ce testament, et après la mort du testateur, sa succession passa à ses plus proches héritiers dans la ligne paternelle, savoir : 1° Ange-Casimir du Buisson de Courson et sa sœur Marie-

Henriette du Buisson de Courson, dame Patry, tous deux petits-enfants de Catherine-Louise-Henriette des Planches d'Hérouville, par leur père Dominique-Nicolas du Buisson de Courson-Cristot, et petits-neveux du défunt ; 2° Antoinette et Joséphine du Buisson de Courson, dames des Rotours de Chaulieu, toutes deux également petites-filles de Catherine-Louise-Henriette des Planches d'Hérouville par leur père Jean-Louis-Antoine du Buisson, chevalier de Courson, et petites-nièces du défunt.

80° **24 juillet 1810.** — Teneur de l'acte de décès de messire Gabriel-Urbain des Planches, dernier représentant mâle de sa famille :

« Du vingt quatrième jour du mois de juillet, l'an mil huit cent dix :

« Acte de décès de GABRIEL-URBAIN des PLANCHES *ancien chevalier de St-*
« *Louis,* décédé le vingt-trois du dit mois, à sept heures du matin, profession
« de propriétaire, âgé de quatre-vingt-dix ans, né à Caen, paroisse St-Gilles,
« département du Calvados, demeurant à Sannerville, *veuf de défunte Ar-*
« *mande Le Métaer..*

« Sur la déclaration à moi faite par le sieur Jacques Laballe, âgé de qua-
« rante-cinq ans, demeurant à Sannerville, profession de cultivateur, qui a
« dit être voisin du défunt, et par le sieur Pierre-Daniel Rozier, âgé de qua-
« rante-un ans, demeurant à Sannerville, profession de journalier, qui a dit
« être voisin du défunt, et ont signé après lecture. »

Signé · *J. Laballe ; Pierre Rozier.*

« Constaté par moi Louis-Augustin Guérard, maire de la commune de San-
« nerville, faisant les fonctions d'officier d'état civil, soussigné. »

Signé : *L. Guérard.*

NOTA. — En dehors des documents ci-dessus relatés, on pourra consulter les archives municipales de Caen, registre 74, folio 139, et registre 75, folio 1er ; on y verra que Jean (II) des Planches, qualifié dans le second registre *sieur de La Fontaine,* exerçait de l'année 1686 à l'année 1689 la charge de quatrième échevin de la ville, c'est-à-dire de premier échevin pris parmi les membres de la Bourgeoisie.

On pourra encore consulter les actes de mariage de messire Guillaume-Nicolas du Buisson de Cristot-Courson, et de messire Dominique-Nicolas, son fils, le premier transcrit sur les registres de la paroisse St-Martin de Caen le 30 septembre 1738, le second sur les registres de la paroisse de Ste-Croix-Grand-Tonne le 21 mai 1781. Dans ce dernier, est mentionné comme assistant, avec sa femme, Gabriel-Urbain des Planches, chevalier de l'Ordre royal et militaire de St-Louis.

NOTES

Anciennes paroisses d'Amblie et de Colombiers-sur-Seulle.

AMBLIE.

La commune (jadis paroisse) d'Amblie, dont dépendait à partir du XVIIe siècle le hameau des Planches, a aujourd'hui une population de près de 700 habitants, et se trouve située au confluent de la petite rivière de Thue et de la rivière de Seulle, dans le canton de Creully (Calvados), à environ 17 kilomètres de Caen. Son territoire, qui s'étend assez loin, notamment du côté de la route départementale de Caen à Creully, comprend même une faible partie de l'ancienne paroisse de Pierrepont, aujourd'hui supprimée et réunie pour le surplus à la commune de Lantheuil.

Amblie ne compte aucun monument remarquable. La nef de l'église est romane; la façade ouest date du XIIIe siècle; le chœur, primitivement du XIIe, a été refait en partie au XVe siècle; la tour, assez insignifiante, était établie sur l'arcade séparant le chœur de la nef et paraissait être de la fin du XVIe siècle; elle a été démolie par la foudre dans les premiers mois de l'année courante (1869), et il est à désirer que les habitants fassent une œuvre de patriotisme local en la remplaçant par un clocher plus digne d'être mentionné. Quant au château actuel, complétement moderne et habité la majeure partie de l'année par son propriétaire, M. de Cairon, il ne présente pour le touriste rien d'intéressant, si ce n'est la vue d'un parc fort bien dessiné et fort bien tenu; il est probable qu'il est construit à peu près sur l'emplacement de l'ancien manoir seigneurial.

L'ancienne seigneurie d'Amblie a passé par d'assez nombreuses vicissitudes. Les sieurs de Pierrepont, nobles de nom et d'armes (*), possédaient fief dans cette paroisse dès le temps de Guillaume-le-Conquérant. Au XIVe siècle, quoiqu'elle relevât, au moins en partie, de la célèbre abbaye de Fécamp, elle était aussi sous la suzeraineté des hauts barons de Creully (**). En effet, aux termes d'une ordonnance du roi Charles V, datée du 25 mai 1369 et rendue à la requête du baron Richard V de Glocester-Creully, les habitants d'Amblie étaient tenus, ainsi que ceux de Ryes, de Villiers-le-Sec et de St-Gabriel, au service du guet dans le château de Creully *où,* dit l'ordonnance, *ils avaient coutume, lors de la guerre, de se réfugier eux et leurs biens* (***). Près d'un demi-siècle plus tard, lorsque Henri V, roi d'Angleterre, se fut emparé de la Normandie après la désastreuse bataille d'Azincourt, il confisca le château et la baronnie de Creully sur Guillaume de Vierville, 14me baron, qui lui refusa serment de fidélité ; mais, quoique suivant les lois de la guerre en ce temps, la confiscation frappât à la fois les biens du seigneur et ceux des vassaux, le roi d'Angleterre consentit, par un bref du 22 août 1418, à exempter de cette rigueur les habitants de 27 paroisses dépendant de la baronnie, parmi lesquelles figuraient Amblie, Colombiers, Villiers-le-Sec, Bazenville, etc. *Voulant les prendre sous sa défense et protection spéciales,* il leur faisait *donation de tous leurs biens, joyaux, chevaux, animaux et harnais, qui lui appartenaient en vertu de la reddition qui lui avait été faite du château et forteresse de Creully, etc.,* fiction politique qui donnait à l'abus de la victoire l'apparence d'un bienfait.

(*) Les Pierrepont, écuyers, sieurs de Marbœuf, Esquay, St-Lambert, Cocqueville, etc., furent maintenus nobles en 1666, par Chamillart, en l'élection de Bayeux, et portent : *de gueules, au chef denché d'or.*

(**) La Noblesse normande ne comprenait d'abord que deux titres, les *Barons* et les *Chevaliers.* Les premiers représentaient les grands vassaux des ducs de Normandie, les seconds étaient les possesseurs de fiefs ou châtellenies inféodés par les barons, incorporés à leur propre fief avec lequel ils ne formaient qu'un seul hommage. — Le titre de *Marquis* n'a pas été connu sous les ducs de Normandie; le titre de *Comte* n'était point, dans l'origine, un titre territorial.

(***) Voir l'abbé Delarue : *Nouveaux essais.*

A la fin du XV siècle, Amblie était un fief noble de haubert assez important, qui finit par relever directement de la Couronne pour la majeure partie, et dont les seigneurs obtinrent le patronage (droit de désignation à la cure) et devinrent même hauts justiciers. Un acte notarié du 23 mai 1474 constate que le patronage avait été acquis à cette date par Guillaume Godet, écuyer, qui était peut-être aussi seigneur de la paroisse ; mais cette dernière qualité est fort incertaine.

Quoi qu'il en soit, il est avéré qu'à la fin du XVIe et au commencement du XVIIe siècle, ce fief appartenait, avec les droits de patronage et de haute justice, aux LE GARDEUR, écuyers, seigneurs de Croisilles, Amblie, Bény et autres lieux, famille jadis puissante, maintenue noble par l'intendant de la généralité de Caen Chamillart en 1666, et qui portait : *de gueules, au lion d'argent, tenant une croix haute recroisettée d'or.* — Il est probable que le dernier représentant mâle de cette famille, comme seigneur d'Amblie, fut Jacques Le Gardeur, que nous voyons mentionné dans un acte de mise en ferme de la terre d'Amblie, en date du 10 juin 1631, et dont la sœur, Lucrèce Le Gardeur, vendit son lot à Jean II des Planches le 31 décembre 1663. Suivant les présomptions qui se déduisent des actes, Jacques Le Gardeur aurait été ruiné en partie par son intendant Déricq.

Aux Le Gardeur succéda, comme seigneur et patron d'Amblie, noble homme Marc-Antoine LE PRÉVOST (ailleurs LE PROVOST), chevalier, sieur de COUPESARTE et REVIERS (*), qui figure en cette qualité dans de nom-

(*) On lit dans un manuscrit de la bibliothèqne de Caen, intitulé :
« ANECDOTES DE CAEN OU MÉMOIRE SUR UNE PARTIE DES FAMILLES DE CAEN, DONNÉ PAR LES TRAITANTS A M. DE CHAMILLART, PENDANT SA RECHERCHE EN 166﹔.
« LE PRÉVOST, sieurs de COUPESARTE et REVIERS, viennent de paysans de la paroisse de Mesnil-Mauger en Auge. — Thomas Le Prévost fut anobli en 1544, à l'indemnité de CXVI escus, acquittés en la dite paroisse.
« Les sieurs de Reviers, d'Amblie, de Grandchamp, de St-Julien-le-Faucon en Auge sont de cette famille. »
Les Le Prévost de Coupesarte, maintenus en conséquence par l'intendant Chamillart en 1666, portent : *de sinople, au chevron d'argent, accompa-*

breux actes notariés jusqu'en 1699, et qui habitait le manoir seigneurial de la dite paroisse, ainsi qu'il conste d'un acte du 26 juillet 1695 ; il laissa des enfants qui héritèrent de la seigneurie d'Amblie.

Toutefois, il faut remarquer que la famille DE MARGUERIE ou DE MARGUERYE (*), qui avait succédé dans la seigneurie de Pierrepont aux sieurs DE PIERREPONT (**), possédait également, sinon manoir, au moins fief *seigneurial* à Amblie en même temps que les Le Prévost de Coupesarte. Nous voyons en effet que Guillaume de Marguerie, écuyer, héritier de feu noble et discrète personne Hector de Marguerie, curé d'Amblie, son oncle, et frère de noble et discrète personne Gilles de Marguerie, curé d'Amblie dès 1669 et même encore en 1715, s'intitulait dans les actes depuis l'an 1666, *seigneur et patron de Pierrepont et d'Amblie*. Ce Guillaume de Marguerie laissa pour fils François de Marguerie qui, d'après un acte notarié du 2 mai 1720, portait aussi les mêmes qualifications. C'est peut-être l'explication naturelle de ce fait qu'il y avait à la fin du XVIIᵉ et au commencement du XVIIIᵉ siècle deux curés dans cette même paroisse d'Amblie.

Enfin, il appert d'un acte d'aveu, rendu le 16 mai 1733 par Urbain des Planches, écuyer, sieur de Cloville, à madame Marie-Anne Scaglia de Verrüe, abbesse de Ste-Trinité de Caen, que les religieuses de cette abbaye avaient

---

gné en chef de deux roses de même, et en pointe d'un épervier empiétant une alouette, le tout d'or; au chef cousu de gueules, chargé de trois croissants d'or.

(*) DE MARGUERYE OU MARGUERIE. — Ecuyers de vieille noblesse, sieurs de Bretteville, Livry, Pierrepont, Fontenay, St-Gilles, etc, barons de Vassy, de La Motte, etc. élection de Falaise, maintenus par Chamillart le 12 avril 1666. Ils portent : d'azur, à trois marguerites d'argent, 2 en chef et 1 en pointe.

(**) Il résulte de deux actes notariés, l'un du 12 janvier 1706, l'autre du 29 septembre 1712, qu'Etienne de Pierrepont, écuyer, qualifié sieur du lieu, et Jacques de Pierrepont, écuyer, sieur de Longchamp, son frère, qui vivaient à ces dates, étaient fils de Philippe de Pierrepont, écuyer, sieur de Grandmont, et petits-fils de Charles de Pierrepont, écuyer, qui aliéna probablement le domaine seigneurial de Pierrepont au profit des Marguerie, vers la moitié du XVIIᵉ siècle.

également droit de fief sur le territoire de la paroisse
d'Amblie. Plus tard, un autre acte d'aveu de 1776 nous
fournit la preuve qu'il en était de même de l'abbaye de
Fécamp, par l'intermédiaire du prieuré de St-Gabriel.

Néanmoins, les véritables seigneurs d'Amblie étaient
évidemment les Le Prévost de Coupesarte, puisqu'ils oc-
cupaient le manoir seigneurial ; il est même probable
qu'ils acquirent des Marguerie, par alliance ou autrement,
la seigneurie de Pierrepont. Jacques-Emmanuel Le Prévost, écuyer, sieur de Coupesarte, fut confirmé par Lettres
royales, en l'an 1711, dans la possession de la justice de
la paroisse d'Amblie. Jacques Le Prévost de Coupesarte,
son fils, étant mort sans enfants vers la seconde moitié
du XVIII⁰ siècle, ses biens passèrent à sa sœur et, par
cette dernière, à messire Pierre-Charles LE VICOMTE,
sieur de VILLY, son mari.

Ce dernier, par un acte notarié d'aliénation en date
du 11 septembre 1767, transféra les terres d'Amblie et
de Pierrepont, avec tous les droits de seigneurie et de patronage, à messire Jean-François DE CAIRON (*), écuyer,
sieur de LA VARENDE, aïeul de M. Adolphe de Cairon,
propriétaire actuel du château d'Amblie. Ce fait est constaté notamment par un acte d'aveu, rendu à l'abbaye de

(*) On lit dans le Mémoire manuscrit de la Bibliothèque de Caen, déjà
cité, et donné par les Traitants à M. de Chamillart, en 1666 :

« DE CAIRON, ailleurs PERROTE. — Nicolas Perrote, anobli par charte du
« 3 février 1454, ayant Nicolas second, son fils, pris le nom de Cairon, au
« lieu de celui de Perrote, par Lettres patentes du 5 août 1472, vérifiées aux
« assises d'Evrécy, demeurant à St-Vigor-des-Mézerets, sergenterie de St-
« Jean-le-Blanc, élection de Vire. Charles de Cairon, cousin-germain du dit
« Nicolas et fils de Jean, demeurant à Bretteville-l'Orgueilleuse. »

Il résulte de renseignements plus précis que Nicolas Perrotte, souche de la
famille, se distingua comme homme d'armes contre les Anglais dans les
rangs de l'armée du roi Charles VII, notamment à la bataille de Formigny,
livrée le 14 avril 1450, et qu'en récompense de ses services militaires, il obtint de ce monarque des Lettres de noblesse délivrées à Méhun-sur-Yèvre
(Berry), le 3 février 1454. De son mariage avec très noble damoiselle Guille-
mette d'Estampes, fille de Robert d'Estampes, seigneur d'Audrieu, il eut un
fils, Nicolas II Perrote, qui continua les services militaires de son père, et
auquel Louis XI, par Lettres patentes données à La Guerche, en Touraine,
le 5 août 1472, octroya le droit de changer le nom de Perrote contre celui
de DE CAIRON.

Cette famille fut maintenue noble par Chamillart, en l'élection de Falaise,
le 1er août 1667, et porte : *de gueules, à trois coquilles d'argent, 2 et 1.*

Fécamp, en 1676, par divers propriétaires d'Amblie, entre autres par messire Jean-François de Cairon ; l'analyse de l'acte est donnée, sous le n° 122, dans le Catalogue analytique des documents concernant la maison du Buisson de Courson-Cristot.

Une pièce assez curieuse et sans date, mais dressée vraisemblablement vers 1775 ou 1780, contient le détail des terres d'Amblie et de Pierrepont et de leur revenu provenant tant du domaine fieffé que du domaine non fieffé. On y lit notamment :

« *Le fief d'Amblie relève du Roy, avec titre de*
« *haute justice et droit de nommer à la cure. — Les*
« *rentes seigneuriales consistent en argent, froment,*
« *avoine, bougie, poivre, girofle, sucre, chapons gras*
« *et maigres, poules gélines, poulets, œufs, jarretiè-*
« *res de soye, mulettes et trotins de mouton, journées*
« *d'hommes pour le curage des bieux (biefs) des*
« *moulins, la pêche dans la Seulle, qui coule le long*
« *de la paroisse et est très poissonneuse, et une corvée*
« *de chevaux pour le charriage des meules du moulin ;*
« *le tout se paye ou se fait très exactement et au gré*
« *du seigneur, et produit, non compris les corvées,*
« *par an, 400 livres. . . . .*

« *Le fief de Pierrepont relève de la baronnie d'Ar-*
« *gences nuement et sans aucune charge ; il donne*
« *le droit de nommer à la cure de cette paroisse, et*
« *ses casualités sont en considération, à cause des*
« *terres qui en relèvent, etc. »*

En résumé, d'après ce document, le produit total de la terre d'Amblie était de 9.638 livres ; celui de la terre de Pierrepont était de 232 livres. Total général, 9,870 livres.

En terminant, nous rappellerons ce que nous avons déjà dit, que l'importante terre et le château d'Amblie sont aujourd'hui la propriété de M. Adolphe de Cairon, fils de messire Ambroise-Victor de Cairon, et petit-fils de messire Jean-François de Cairon, acquéreur du domaine. De son mariage avec Mlle N. . . . . d'Auger (ou Dauger), M. Adolphe de Cairon n'a plus aujourd'hui qu'une fille et présomptive héritière, Mlle Marie de Cairon, qui a épousé en 1866 M. Robert Achard de Bonvouloir, appartenant également à la vieille Noblesse normande (*), dont postérité.

Actuellement (1869), la commune d'Amblie a pour maire le sieur Youf et pour curé M. l'abbé Locard, digne représentant des Marguerie, des Le Chartier, et de son vénérable prédécesseur, l'abbé Docagne, mort octogénaire et entouré de la considération et de l'affection filiale de tous ses paroissiens.

COLOMBIERS-SUR-SEULLE.

L'ancienne paroisse de Coulombiers-sur-Seulle (aujourd'hui Colombiers), est actuellement une commune de plus de 550 habitants, située dans le canton de Ryes (Calvados), à 15 kilomètres de Bayeux et à 18 kilomètres de Caen, et limitée par la rivière de Seulle, dont elle englobait probablement les deux rives au XVIe siècle. Une grande partie de son territoire s'étend du côté de la mer en plaines fertiles en céréales, mais complètement dénudées et tristes d'aspect ; une langue étroite, véritable oasis plantée d'arbres, forme un côté de la verdoyante vallée de la Seulle, sur l'autre côté de laquelle se trouve assis le hameau des Planches.

L'église, seul monument digne d'une mention, est un édifice roman presque complet des XIe et XIIe siècles, réparé et agrandi avec goût et intelligence par les soins de M. l'abbé Labrèque, curé actuel ; les arceaux du chœur sont remarquables ; le clocher, parfaitement conservé, offre de très belles proportions et ne doit qu'à son regrettable voisinage de la Seulle de ne pas être aperçu à de

(*) ACHARD, écuyers, sieurs des Hautes-Noës, de Bonvouloir, du Pas-de-la-Vente, de Luardière, de Vacognes, etc., maintenus nobles en la généralité de Caen le 2 août 1666, portent : *d'azur, au lion d'argent armé et lampassé de gueules, chargé de deux fasces de gueules alésées, brochant sur le tout.*

6

grandes distances, comme ceux de Bernières ou de Langrune.

Il paraîtrait qu'au commencement de ce siècle, le regard, en embrassant les vastes plaines dont nous avons parlé, pouvait se reposer sur le feuillage de bois aujourd'hui défrichés et dans lesquels, selon la tradition, auraient été ensevelis d'anciens légionnaires romains. Ce fait est d'autant plus vraisemblable, que l'une de ces belles voies romaines, inaugurées par César pour lui permettre de vaincre et de maintenir dans l'obéissance les Gaulois peu dociles, traversait le territoire actuel de la commune dans la partie où se trouve aujourd'hui le calvaire ; que de plus, on a trouvé un certain nombre de cercueils en pierre gallo-romains autour d'une énorme pierre levée, peut-être d'origine druidique, située en face du dit calvaire et conservée par la Société des Antiquaires de Normandie.

Quoi qu'il en soit, on ne connaît pas de vestiges d'un manoir seigneurial dans la paroisse, qui relevait originairement de la haute baronnie de Creully, ainsi que le prouve la mention qui en est faite en 1418 dans le bref d'Henri V d'Angleterre, cité plus haut ; par conséquent, le droit de guet qu'avaient les barons de Creully, avec le droit de prendre une gerbe de blé sur chaque laboureur résidant aux neuf paroisses circonvoisines de ce bourg, devait aussi s'appliquer à Colombiers.

Nous connaissons peu de choses sur les anciens seigneurs de Colombiers, et les documents que nous avons compulsés sont presque complètement muets à cet égard. Néanmoins il résulte d'un acte, émané du bailliage de Caen le 29 août 1556 et mentionné ci-dessus, que le fief seigneurial de ce lieu appartenait à cette date aux héritiers de la feue damoiselle Renée DAVEAU, qualifiée dans l'acte *dame de Banville et de Coulombiers-sur-Seulle* (sic) ; quels étaient ces héritiers, c'est ce que nous n'avons pu savoir. — Plus tard, au commencement du XVIIe siècle, noble homme Nicolas DE SIRESIVE, seigneur de COULOMBIERS-SUR-SEULLE, était entré en possession, par héritage ou autrement, de ce fief seigneurial. (Voir ci-après l'acte notarié du 3 août 1622.) Puis nous tombons dans une obscurité complète jusqu'à la seconde partie du XVIIIe siècle.

Vers cette époque (1750 environ), le domaine seigneurial de Colombiers était entre les mains de messire Marc-Antoine DE LA HAYE (*) DE BAZENVILLE, dont la fille, noble damoiselle Antoinette-Marguerite-Joséphine de La Haye de Bazenville, dame et patronne de Colombiers-sur-Seulle après la mort de son père, épousa messire Alexandre-Jean BOULA DE MAREUIL (**) chevalier, avocat général en la Cour des Aides de Normandie, puis conseiller d'honneur en la dite Cour en 1782. (Voir Catalogue analytique des documents sur la maison du Buisson de Courson-Cristot : n° 134, 13-20 décembre 1782 : débat de tenure.)

C'est ainsi que cette belle terre presque féodale se trouve encore aujourd'hui (1869) possédée par le petit-fils ou l'arrière petit-fils de messire Alexandre-Jean Boula de Mareuil, M. le comte Louis BOULA DE COULOMBIERS, qui est maire de la commune et qui, malgré l'absence d'un château que comporterait l'importance de la propriété, paraît affectionner, l'été surtout, ce petit coin de la Normandie.

(*) Il existe en Normandie neuf familles nobles du nom de La Haye ; nous pensons que celle dont il s'agit ici, originaire de la généralité de Rouen, portait : *d'or, au sautoir d'azur.*

(**) Les Boula, sieurs de Mareuil, dont les descendants d'une branche prirent, à la fin du XVIIIe siècle, la qualité de sieurs et plus tard le titre de comtes de Coulombiers, probablement originaires de la Picardie et, dans tous les cas, étrangers à la Noblesse normande, portent : *d'azur, à trois besants d'or, 2 et 1.*

DOCUMENTS DIVERS

CLASSÉS AU CARTULAIRE DE LA FAMILLE DES PLANCHES

INDICATION ET ANALYSE

1° **9 avril 1401.** — Information faite à Creully, après Pâques, par Jean Davy, bailly de St-Sauveur-Lendelain, en vertu des Lettres closes du duc d'Orléans. Cette enquête avait pour objet d'établir la propriété d'un fief sis à Amblie, vicomté de Caen, et ayant appartenu à la famille de Pierrepont dès le temps du duc Guillaume. — Détails curieux. *(Parchemin.)*

Ce document faisait partie des archives de l'ancien collége héraldique de France.

2° **23 mai 1474.** — Acte notarié (copie) portant vente du patronage d'Amblie par Jean Parisy et Jean Richard, au profit de Guillaume Godet, écuyer, de la paroisse de Tilly. *(Papier.)*

3° **3 août 1622.** — Acte notarié, passé à Creully, entre noble homme Nicolas de Siresive, sieur de Coulombiers-sur-Seulle, et noble homme François de Guerville, sieur de La Londe ; échange mutuel de trois vergées de pré en la prairie de Mion. *(Parchemin.)*

4° **10 juin 1631.** — Acte de mise en ferme pour sept ans, par voie d'adjudication devant notaire, et sous les clauses et conditions y contenues, de 45 pièces de terre situées au terroir d'Amblie, et appartenant à noble homme Jacques Le Gardeur, sieur de Croisilles, d'Amblie, Bény, et autres lieux. *(Papier.)*

Le même acte mentionne à la fin diverses pièces de terre qui furent données en lot à damoiselle Lucrèce Le Gardeur le 13 mars 1663, pièces qu'elle aliéna au profit de Jean (II) des Planches le 31 décembre de cette dernière année.

5° **28 octobre 1666.** — Acte notarié portant vente à fin d'héritage par François Perrote, au profit de Guillaume de Marguerye, écuyer, sieur de Pierrepont et d'Amblie, de deux portions de terre situées à Pierrepont. *(Parchemin.)*

6° **5 janvier 1678.** — Acte sous-seing privé, passé entre messire Charles Le Prévost, chevalier, seigneur et patron d'Amblie, Coupesarte, etc., et maître Robert Le Chartier, prêtre, curé d'Amblie ; échange de diverses pièces de terre relevant des fiefs d'Amblie, pour agrandissement de l'enclos du presbytère. *(Papier.)*

7° **4 avril 1684.** — Acte notarié portant reconnaissance par Jacques Marie, de la paroisse de Pierrepont, d'une rente de 60 sols au profit de Guillaume de Marguerye, sieur et patron de Pierrepont et Amblie, héritier de feu M. Hector de Marguerye, vivant prêtre, curé du dit lieu, son oncle. *(Parchemin.)*

8° **29 octobre 1695.** — Acte notarié contenant échange de diverses pièces de terre situées à Amblie, entre messire Marc-Antoine Le Prévost, écuyer, seigneur et patron d'Amblie et autres lieux, et Julien Gilles, bourgeois de Caen. *(Parchemin.)*

9° **12 janvier 1706.** — Acte sous seing privé, passé entre noble homme Etienne de Pierrepont, écuyer, sieur du dit lieu, et Jacques de Pierrepont, écuyer, sieur de Longchamp, son frère; échange de divers immeubles situés à Pierrepont, et provenant de la succession de Philippe de Pierrepont, écuyer sieur de Grandmont, leur père, succession partagée entre eux le 29 août 1705. *(Papier.)*

10° ..... **1711.** — Quittance donnée par le garde du Trésor royal, d'une certaine somme payée par Jacques-Emmanuel Le Prévost, écuyer, sieur de Coupesarte, pour être confirmé en la possession de la justice de la paroisse d'Amblie. *(Papier.)*

Ce document faisait partie des archives de l'ancien collége héraldique de France.

11° **De 1772 à 1780 environ.** — État sans date de la terre seigneuriale d'Amblie et de la terre seigneuriale de Pierrepont vers la fin du XVIIIe siècle. — Document curieux et intéressant. *(Papier.)*

FIN

TRBES. — IMPRIMERIE DE TH. TELHON.

140

www.ingramcontent.com/pod-product-compliance
Lightning Source LLC
LaVergne TN
LVHW022137080426
835511LV00007B/1154